実話奇譚
夜葬《やそう》

川奈まり子

JN136834

竹書房文庫

目次

※本書に登場する人物名は様々な事情を考慮して仮名にしてあります。

別れを告げに

当時、神奈川県の高校一年生だった浅丘秀晴《あさおかひではる》さんにとって、一九七八年とはどんな年だったか——世界的な大女優ソフィア・ローレンがホンダのスクーター「ロードパル」に乗って、ラッタッタと歌うように口ずさむようになって二年経った。マツダが三年前に発売した真っ赤なスポーツカー「コスモＡＰ」が地方都市でも見かけられるようになった。二、三年前に愛知県で始まった「オートバイの三ない運動（免許は取らない・乗らない・買わない）」が他県に拡大しつつあった。人気絶頂の女性デュオ「ピンク・レディー」が日本レコード大賞を獲った楽曲「ＵＦＯ」の振り付けが大流行——。

そして、教室で前の席に座っていたスズキが亡くなった年だ。彼の死は不可思議な現象を伴い、秀晴さんを始めとした幾人かの同級生がそれを目撃した。

ことの始まりは、二学期の始業式から一週間ばかりした九月の月曜日だった。

朝のホームルームに担任の先生がいつになく暗い面持ちで現れたかと思うと、「鈴木くんは今日からしばらく休学します」とクラス全員に告げたのだ。

秀晴さんは反射的に前の席を見た。まるでそこに、いつもようにスズキが座っているかのように。

スズキは、ひとことで言うなら「いいヤツ」だ。花屋をやっている両親に買ってもらったパステルカラーのロードパル（通称ラッタッタ）を「女みたいだろ？」と表向きは恥ずかしがりながら、どう見ても嬉しそうに乗りまわしている、そんなところに彼の良さが表れていた。天然の愛嬌があって、なんだか可愛いのだ。スズキはクラスの女子からも好かれていた。

とくに学級委員のヨシダさんはスズキのことが好きなのかもしれなかった――スズキのうちでアルバイトしているだけで何か証拠があるわけではないが。頭脳明晰《めいせき》、容姿端《たん》麗《れい》を絵に描いたようなヨシダさんに慕われているとしたら羨《うらや》ましいかぎりだ。

スズキから借りていたバイク雑誌を先週のうちに返しておいてよかった。そう咄嗟《とっさ》に思いながら、秀晴さんは先生に訊ねた。

「どうして休学するんですか?」

「……土曜日の夜に、知っている人のバイクに同乗していて事故に遭《あ》ったそうです」

蜂の巣を突ついたような騒ぎになった。「事故って、どんな?」「誰のバイクに乗ってたの?」「ヨシダさん、スズキの親から何か聞いてない?」

ホームルームの間は私語厳禁なのに先生は注意しようとせず、沈痛な表情でうつむいている。厭な予感しかしなかったが、ヨシダさんが挙手して先生に質問した。

「鈴木くんは重傷なんですか?」

先生は意を決するようにヨシダさんの方を向いたが、すぐに再び目を下に落とした。

「……頭部を強打して意識不明になっているんです」

途端に小さな悲鳴をあげた女子が何人かいたが、ヨシダさんは硬い顔で黙っていた。

一週間後の月曜日、秀晴さんは思いがけない場所でスズキを見かけた。

秀晴さんは自転車通学をしている。部活を終えて、夕暮れの道を自転車で帰ろうとしていたら、道の向こうから見覚えのあるスクーターがゆっくり走ってきた。スズキが乗っているのと同じ色のラッタッタだと気づき、まさかと思ったが、近づいてきたらやっぱりスズキが乗っていた。

「おーい！　スズキ……」

もう大丈夫なのか？　そう問おうと思って言いかけたのだが、顔を見て、秀晴さんは唇を凍りつかせた。

スズキは眼も口も大きく開き、顔全体を激しく引き攣《つ》らせて、恐怖を露わにしていたのだ。

擦れ違いざまに目が合ったが、怯え切って血の気を失っており、尋常な怖がりようではなかった。

――どうした？　なんでそんなにビビッてるんだ？

ラッタッタが後ろに遠ざかる。秀晴さんはハッと我に返って振り向いた。スズキに声を掛けようとして。

しかし、そこには誰もいなかった。緩《ゆる》い下り坂があるばかり。

スズキは前方からやってきたが、こんな時間に学校へ行くんだろうか。それにスズキの家はあっちの方角ではない。

スズキが来た方には地元では「御堂《みどう》の山」と呼ばれている雑木林があった。第二次大戦中に空襲に遭うまで、そこには尼寺があったと言われている。尼寺では学童疎開してきた小学生を預かっていたが、横浜の市街地を爆撃してきた帰りの米軍機が、余った爆弾をここで落としていき、多くの命が奪われた。以来、尼僧と子どもたちの霊が出ると噂されている場所だ。

樹々に覆われた低い丘が、うずくまった黒い獣《けもの》のようだった。

秀晴さんはわけのわからない恐怖を感じ、自転車を漕ぐ速度を上げて、急いで雑木林の横を通り過ぎた。

明くる朝、ホームルームの時間に担任の先生が、スズキが死んだことをみんなに知らせた。

「鈴木くんね、昨日の夕方、治療の甲斐なく亡くなってしまったんですよ……」

厭な汗がツーッと背中を伝うのを、秀晴さんは感じたという。

「鈴木くんは、中学の先輩のオートバイに乗せてもらっていたんだって。その先輩、花屋にも来たことがあるから知ってるけど、暴走族なんかじゃないよ。好《い》い人なの。鈴木くんが先輩に頼んで後ろに乗せてもらって、先輩がその辺を安全運転で一周したらすぐ戻ってくるっておばさんたちに言って……でも、マツダの赤いコスモに衝突して……」

スズキの花屋でアルバイトしているヨシダさんは、いろいろ聞いていた。

ただし、スズキのお見舞いに行くことは禁じられ、入院先すら教えてもらえないと彼女は言っていた。

後から聞いたところによると、スズキは「もってあと二週間」と宣告されていたそうだが、入院中は担任教師も「ご家族の迷惑になるから」と言って病院名を生徒たちに明かさなかった。

告別式の後で、ヨシダさんの他、男女合わせて五、六人の、スズキととくに仲が良かった子たちが秀晴さんに声を掛けてきた。

「浅丘くん、一緒に帰らない？　話したいことがあるんだけど」

何かと思ったら、ヨシダさんたちもスズキを見かけたというのだった。

聞けば全員が、秀晴さんが道でスズキと擦れ違ったのと同じ時刻に、彼に遭遇していた。

「私は駅で会った。鈴木くんは向かい側のホームに、なんだか凄い顔して立ってたよ」

「私は花屋で……。鈴木くんが店先を通りすぎていこうとするから、追いかけたんだけど、お店の外に出たら消えちゃってた」

みんな同時に、ただし異なるシチュエーションでスズキを目撃していたと知り、秀晴さんはあらためて深い悲しみを覚えたという。

「たぶん、あのとき鈴木くんは死んじゃったんだね」とヨシダさんは泣きながら言った。

このメンバーで命日に墓参りしようと誓い合い、その約束は今も守られているそうだ。

邪魔

二〇一八年三月のこと。午後一時に表参道駅前のU珈琲店で待ち合わせした体験者さんが、なかなか来ない。SNSでメッセージを送ると即座に返信があり、「すぐそこの駅の階段で転んでしまった」とのこと。

「それは大変！　お怪我はありませんか？　近くに薬局があるので、絆創膏《ばんそうこう》や何かを買ってきましょうか？　それとも日延べしますか？」と返事をすると、心配ないのでそのまま待っていてほしいということを、気の毒なほど謝りながら書き送ってきた。

そこでU珈琲店でそのまま待っていたのだが、一〇分経っても現れない。煩《うるさ》くせっつくのも失礼にあたると思い、我慢していたら、メッセージをやりとりしてから二〇分も経った午後二時近くなって、ようやくいらっしゃった。

なんと、松葉杖をついている。

「大怪我じゃないですか！」

「いいえ、これは違いますよ。川奈さんに最初にメッセージを送った日に自転車で転んで、転び方が悪くて捻挫《ねんざ》しました。ドジなんですよ、私。今も、表参道駅の階段を上りかけたら踏み外して、膝を打ったぐらいで怪我はなかったんですが、持っていたケーキが潰れちゃったので捨ててきたんです。川奈さんに差し上げようと思って買ってきたのに。うちの地元のケーキ屋さんで、テレビで紹介されたんですけど、なかなか美味しいんですよ」

「あら残念。でも、そんなにお気遣いいただかなくても。とりあえずお座りください」

――とても好《い》い人のようで安心した。私が取材する体験者さんたちの九割九分は好人物で、インタビューも取りやすい。この体験者さんは、四〇歳の女性で、現在は神奈川県横浜市に住んでいらっしゃるが、高校を卒業するまで福島県福島市の実家にいたそうだ。

「福島出身だと言うと、こっちの人たちはみんな、震災で大変だったでしょうと言ってくださるんですけど、福島市は被害が少なかった方なんです。地震で直接どうこうというよりは、その影響で物資が不足したりインフラがアレで困ったりということはありましたが」

　福島県に住んでいる友人の話をしたところ、福島の話題で一〇分ほど盛りあがった。

「そろそろ本題に入りましょうか。メッセンジャーでお寄せいただいたお話では……」

と、さて、肝心の取材をしようと思い、水を向けた途端に、体験者さんのスマホに着信があった。発信者を確認なさったら非通知で、すぐに切れたとのこと。しかし、彼女が話そうとしはじめたら、再び着信があった。また非通知だった。

「この話を人にしようとすると、邪魔が入るような気がするんですよ。こないだ自転車で転んだときも川奈さんにメッセージを送った後だったでしょう？」

「今日も、階段で転びましたもんね」

「あっ、言われてみれば、そうですね！　でも、せっかく来たから話します」


　三〇分余りお話を伺っていた。それは九年前から現在まで続く水子がらみの体験談で、気軽に話せる内容ではなく、他人に打ち明けるのは初めてであることが察せられた。私は恐縮しつつ、深く彼女に感謝した次第だ。

　それはともかく、彼女にインタビューしている三〇分少々の間に、どれも些細ではあるが、「邪魔」としか言いようのないことが頻繁に起きたのが気になった。

彼女は私に話している間に、トレイを下げるために通りがかった人からコップの水を膝にこぼされ、椅子に掛けておいた上着が床に落ちて拾おうとしたらトートバッグを服に引っ掛けて落として中身をぶちまけてしまい、他の客が注文した食べ物が運ばれてきて店員とやりとりすることになり、またしても非通知の電話着信があり、彼女がスマホに保存した写真を私に送ろうとしたらスマホの画面が真っ黒になり（故障した？）、私がまだ名刺を差し上げてなかったことを思い出して話の途中で名刺をお渡ししたところ、彼女はそれで指先を傷つけてしまったのだった。

「……紙で切れることってありますけど、名刺でやっちゃったのは初めてです」

「わあ、ごめんなさい！　私の名刺で怪我させちゃって、申し訳ない！」

「いいえ、そういう意味じゃなくて……。川奈さんのせいじゃないですよ。話すのをやめさせようとして、あの子がやったんだと思います」

「心配だなぁ。改札までお送りしますよ」

別れ際、私と記念撮影したかったのにスマホが壊れてしまって写真が撮れなくなったと彼女が嘆くので、私のスマホで撮って、メッセンジャーで送って差し上げることにした。

表参道の交差点で、欅《けやき》並木を背景にしてスナップを二枚撮影した後、東京メトロの改札口までお見送りした。

帰宅してから、あらためて彼女と撮った写真を観察したら、そのうちの一枚、彼女だけを撮影した写真に男の子が写っていた。画面の端で顔が見切れているが、紺色の地にアーガイル模様が入ったセーターとカーキ色のズボンを身につけた左半身が鮮明に撮れている。

あるいは実際にその場に存在した子どもかもしれないと思ったけれど、その後、私が送ったその写真を見た彼女によると、この子が着ているセーターとズボンは、八歳になる彼女の息子に先日買ってやったばかりのものとそっくりなのだという。

彼女の息子は、写真を撮った時刻には、横浜の小学校で授業を受けていたから、別の子どもだ。偶然、同じ服を着た子どもが居合わせただけだという可能性はあるが、彼女はそういうふうには考えられないようだ。

「弟くんに服を買ってやったから、少しやきもちを妬《や》いているのかもしれません」

「こういうことは、前にもありましたか?」

「はい。何度か写真に写ったことがあります。でも、しばらくすると消えてしまうんですよ。この写真の子も、今晩中にきっと消えます」

デジタルな情報として記録された写真で、そんなことはありえないだろうと思った。

けれども、夜、就寝前に確認してみたところ、写真そのものがスマホからもSNSで彼女に送ったメッセージの記録からも失われていた。

自分でデータを削除した覚えはない。

祓われない子

昔から住宅地の多い神奈川県横浜市でも、比較的、新興の住宅街に暮らす佐藤智子《さとうともこ》さんは、およそ九年前から現在まで、長男の霊につきまとわれているそうだ。

つきまとわれる、という言い方は正しくないかもしれない。話を伺った限りでは、一緒に暮らしているという印象を受けた。

順を追って綴《つづ》ろうと思う。

智子さんは福島県福島市出身で、現在四〇歳。夫は小学校では三学年上の先輩で、親同士が親しかった。その縁で、東京都内の大学に在学中に、同じく都内の別の大学に進学していた彼と引き合わされたが、そのときは恋愛関係にならず、智子さんが二八歳のときにあらためて交際しはじめて、翌年に結婚した。

結婚と同時に、夫が横浜市内の新興住宅地に一戸建ての家を購入した。当該する区の人口と世帯数は、横浜市のみならず日本の政令指定都市の行政区のなかでは最大で、私鉄沿線が通る区の東部には、平成に入ってからはとくに一戸建て住宅が急増した。雑木林や公園が点在し、公立の教育機関も充実している、子育てに向いた環境だ。

智子さんは早く子どもが欲しかった。できれば三〇歳になる前に第一子を産み、三人ぐらいもうけられたら……と、入籍前から夫ともよく話していた。横浜の家に入居する前に智子さんは勤めていた広告代理店を辞めて、DTPデザイン（書籍用の文字組のデザイン）とオペレーターの在宅ワークに切り替えた。

「会社に勤務しているときに、DTPやウェブ関係の検定試験をいくつか受けて資格を複数持っていたので……。私は、そそっかしいところもありますが、人生については割となんでも計画的な方です。進学、就職、結婚などは、冒険せずに、ちゃんと準備して臨みました」

しかし、計画通りにいかないこともある。事故や病気、そして妊娠などは、思わぬタイミングで人生に降りかかるものだ。

「まず、なかなか妊娠しませんでした。三〇歳の誕生日を過ぎてしまったときは焦りましたよ。不妊治療が必要かもしれないと思って病院で診てもらったけれど、異常は全然ありませんでした」

そこで、正月に帰省した折に、実家と同じ市内にある篠葉沢稲荷《しのはざわいなり》神社という神社で、子授け祈願のご祈祷《きとう》をしてもらったそうだ。安産と子授けに霊験あらたかであるとして、地元では有名な神社だという。

その甲斐あってか、春には懐妊した。出産予定日は翌年の一月一〇日。

しかし妊娠後期に不正出血があり、三六週目で早産してしまった。幸い新生児集中治療室からは三日で出られて、担当医は今後の生存率は正期産と変わらないと太鼓判を押してくれたのだが、二月のある朝のこと――。

「明け方にミルクを欲しがることが多かったのに、そのときは七時過ぎに私が目を覚ますまで静かで……。眠ってるのかなと思って顔に触ってみたら、もう冷たくなっていました」

乳幼児突然死症候群だった。うつぶせ寝や、添い寝する親の「覆いかぶさり」による鼻と口の閉塞や胸部圧迫、あるいは親の喫煙が要因だと言われているが、原因がわからないことも多い。智子さんの長男のケースも、添い寝はしておらず、あおむけに寝かせており、夫婦共に煙草は吸ったことすらなかった。

智子さんは、軽度の早産であったことと、母乳の出が悪かったため人工粉ミルクを飲ませていたことで自分を責めた。

「お医者さまには、そういうことと赤ちゃんが死んだことの因果関係はわからないのだから、ご自分を責めないでくださいと言われましたけど、無理ですよ。私のせいだとしか考えられませんでした。そうかと思えば、私のせいじゃないって泣き叫んだりして、頭がおかしくなりそうでした。実際、その後、七月まで記憶が飛んでるんですよ。でも、また妊娠していることがわかって、しっかりしなければと自分に言い聞かせたんです」

七月初旬のその時点で、妊娠四週目に入っていた。

再び子どもを授かったことがわかるとすぐに、智子さんは夫と一緒に、亡くなった長男の墓前に手を合わせに行ったのだという。

「さっき言ったように、私はその頃のことを憶えていませんでしたが、夫が納骨堂を買ってくれていたんです。実家のお墓は福島だから遠すぎる、しょっちゅう通えるところにお墓があれば、死んだ子も寂しくないだろうと思ったと夫は言っていました。最新式の納骨堂で、墓石のところにお骨を納めた箱が電動で運ばれてくるんですよ。全然現実感がなくて戸惑いました。私の赤ちゃんがあんな箱に入っているだなんて……」

智子さんは前にもこの納骨堂に来ていたが、記憶していなかった。戸惑いながら手を合わせていると、厨子《ずし》の中から赤ん坊の泣き声が聞こえてきたのだという。

「私の、赤ちゃんでした」

そのときは夫も泣き声を聞いた。そして帰宅後、智子さんが記憶していない二月から七月までの五ヶ月間に何が起きていたのかを彼女に話した。

――君は、初めは死んでしまうんじゃないかと思うほど沈んで、寝たきりだったけど、二週間ぐらいしたら急に元気になって、また子どもの世話をしはじめたんだよ。僕には止められなかった。僕にも赤ん坊の姿が何回か見えたから。

智子さんによると、長男は次第に成長しているのだという。

次男が生まれてからも消えることなく、ずっと智子さんのそばにいる。

「弟くんは、三歳くらいまではお兄ちゃんとよく遊んでました。幼稚園に通いはじめてから、お兄ちゃんのことを口にしなくなってきたので、見えなくなったんだなぁと思っていたら、小学校に入ってだいぶ経ってから、うちのお兄ちゃんはよその家にあげちゃったのって訊くんですよ」

智子さんが「違うよ」と答えたら、長男が次男の後ろに現れた。

「亡くなったんだよ」と教えるつもりだったが、その顔を見てつい、「ここにいるよ」と言ってしまったのだそうだ。

長男は、一所懸命に泣くのをこらえていた。

「かわいそうで、とてもじゃないけど、死んじゃったなんて言えませんでした。弟くんは、どこにいるのって不思議そうにしていました」

この出来事を夫に話したところ、夫は、納骨堂の管理母体になっている寺院では除霊を行っていないので、祓《はら》う場合は神社にお願いすることになると思うと言った。

智子さんは驚いて、「祓うなんて、とんでもない！」と夫に対して怒った。

そのとき、長男が嬉しそうに抱きついてきたのだという。

そして夫は、その夜から高熱を発して、明け方には「呼吸がしづらい」と智子さんに訴え、結局、検査も含めて三日間入院する羽目になった。

「でも、入院したときには治っていたんですよ。健康診断を受けに行ったようなものです」

なぜ症状が治まったかというと、智子さんが祓わないことを長男に約束したから。

「夫も、本気で祓いたいと思ったわけじゃないと言い訳してました」

今、智子さんの長男は九歳だ。とても元気な男の子だそうだ。

白くて丸い

五八歳の主婦、鶴田美智子《つるたみちこ》さんの話。

よく晴れた二月の昼下がり、自宅のリビングルームでパソコンのネットサーフィンを楽しんでいたら、ふと視界の隅《すみ》で何かが動いた気がした。

夫も子どもも仕事に出掛けており、家には美智子さん独りきり。咄嗟にそちらを振り向くと、ドアを開け放しにしていたリビングルームの戸口のところに、ひと抱えもある白い煙の塊が浮いているのが見えた。

床から七、八〇センチぐらいの高さを滑らかに水平移動して、接近してくるところだったが、美智子さんが目を向けた途端、ピタリと動きを止めた。

「なんとなく《だるまさんが転んだ》のようでした」と美智子さんは言う。

真っ白な綿飴にも似た球体で、よく見たら、球の横軸の両端にあたるところから、煙が二本、細長く伸びている。

まるで腕のようだ。顔はないが、なんとなく生き物の気配を備えている。

発見から一、二秒後、それを構成している白い煙の濃度が低くなってきたことに美智子さんは気づいた。空気に溶けこむようにみるみる薄れて、一分ぐらいで消失してしまった。

いつもそこにいる

出版社でアルバイトをしはじめた金村詩恩《かねむらしおん》さんは、あるときふと、運動不足解消と気晴らしのために自転車で通勤することを思いついた。

自宅からその出版社までは、片道二〇キロの距離。アルバイトを入れている週に三日か四日、一日あたり四〇キロ自転車を漕《こ》ぐことになるが、道中の大半は平坦な舗装路で、景色は変化に富んでいる。

足腰の強さには自信があったし、まだ二〇代半ばで体力もある。とりあえず始めてみたら、案の定いい感じだった。最初はキツかったが、次第に楽に漕ぎとおせるようになっていくのも達成感があって嬉しい。

帰りはたいがい遅くなったが、夜は車の通行が少なく、自転車を飛ばしやすい。スイスイ漕げるようになってくると、昼とは違う風景を楽しむ余裕が生まれた。

そのうち、道沿いに建つとある大きな建物のところで、いつも同じ人物を見かけることに気がついた。

詳しいことはわからないが、建物の前にある看板の宣伝コピーから推察すると、住まいの害虫駆除や小規模なリフォーム工事などを請け負う会社のようだ。件《くだん》の人物は、作業着ふうのブルゾンとズボンといった、いかにもそういう会社で働いていそうな衣服を身に着けている。年齢は三〇代から四〇歳前後で、外見にはこれといって特徴がない中肉中背の男性なのだが、なんだかようすがおかしい。

いつ見ても、鉄製のシャッターが下りた正面玄関の前で、右手で扉の把手を引いて開けるような仕草を延々と繰り返しているのである。しかも動きがまったくブレない。

GIFといって、短い動画をリピート再生するものがある。ちょうどあんな感じに同じ動作をリピートしている。

それだけでも変だが、肝心の把手つきの扉はシャッターに隠されているのだから、さらに奇妙だ。男の存在が気になりだしてから腕時計を確認するようにしてみたら、時刻はいつも午後一一時半頃。あの会社では、営業時間外には防犯用のシャッターを閉めることにしているのだろう。午前中にここを通りかかるときに見たら、会社や病院などの出入口によくある、分厚いガラスドアが付いていた。そして、男の動作はまさしく、やや重さがあって大きな把手が付いたガラスドアを開くときのそれだったという。

――詩恩さんが「あの男は幽霊だと思う」と言うので、さっそく現地に案内してもらった。昼間だったが、怪異目撃談を語ってもらいつつ、スマホで動画を撮った。

実は、そのとき私は、ここを訪れるなら深夜にすべきだったと後悔していた。問題の会社の建物は、きわめて普通のビルであって、怪しい雰囲気が微塵《みじん》もなかったからだ。絵的な面白みは皆無だ。私は仕方なく、詩恩さんの談話を録音するためだけに撮りつづけた。

しかし、思わぬ収穫をしていることが後に判明した。このとき撮った動画を後で見てみたら、私が建物を指して「工場かな？」と疑問を口にし、詩恩さんが「たぶんオフィスだと思います」と答えた少し後に、私の返事や詩恩さんの声の余韻《よいん》に重なって、第三の人物の声がはっきりと録音されていたのだ。

「はい」と、ひと言。

誓って、その場には私と詩恩さんしかいなかったが、まるで私と詩恩さんの間に立って会話に混ざっていたかのように、何者かが、ごく近くで声を発していたのだった。

詩恩さんによると、この取材の直後から、男の姿が真っ黒に変わってしまったそうだ。黒い人型の塊《かたまり》のようになっても、同じ場所で、扉を開ける動作をあいかわらず続けているのだという。

外泊デート

一九八六年のゴールデン・ウィーク前、当時、大学生だった吉村諭司《よしむらさとし》さんは、恋人の鈴木美由《すずきみゆ》さんと初のお泊りデートに臨んだ。

四月初めに大学の演劇サークルで知り合い、すぐに交際を始めたが、泊りがけのデートをしたことはなかった。美由さんは厳格な家庭で大切に育てられているお嬢さまであり、外泊するには、デート以外の理由が必要だったのだ。

その日は夕方遅くまでサークルの舞台発表会があり、撤収と後片付けが終わったあとで打ち上げをすることになっていた。美由さんが「終電を逃したからサークル仲間（女子）の家に泊めてもらうことにした」という言い訳を使う作戦で、口裏合わせの共犯者まで用意して決行し、諭司さんが運転する車でラブホテル街に行くところまでは上首尾に運んだ。

諭司さんは母の車を借りてきており、打ち上げでは一滴の酒も飲まず、安全運転を心がけた。美由さんもアルコール類はまったく口にしていなかったが、これは親の躾《しつけ》が厳しかったためだろう。

諭司さんは美由さんに夢中だった。彼女は他の女の子とは全然違う。付き合いはじめてしばらくした頃、「裳着《もぎ》の儀は済ませましたから」と告げられたときには、意味がわからなかった。聞けば、裳着というのは平安時代の女性の成人儀礼なのだそうで、十二単《ひとえ》を着た肖像写真を諭司さんに託して曰く、「結婚を許される年齢になった証です」。

……常識的に考えたら、冗談と受けとめるべきなのだろうが、ひょっとすると本気かもしれないと思わせる、浮世離れした雰囲気が美由さんにはあった。

もちろん、ルックスも神秘的かつ上品だ。十二単が違和感なく似合う美人を、諭司さんは他に知らなかった。

そういうわけだから予想しておくべきだったが、ラブホテル街のど真ん中に来てみたら、周囲の景色と助手席の彼女との落差というか偏差値というかが違いすぎた。

かといって贅沢なシティホテルに泊まれるほどの持ち合わせはない。悩んでいるうちに、ラブホテル街を通り過ぎてしまった。

繁華街を外れると、周囲は急に暗くなった。時刻は午前一時に迫り、一般の商店や会社はどこも明かりを落としている。さっきの辺りまで引き返すしかないか……と、思いはじめたとき、一軒のホテルが目の前に現れた。

オープンして間もないのか、外観に傷んだところがなく、全体に清潔感が漂っていた。看板やエントランスの装飾にも、いかがわしい雰囲気がない。電光看板の料金表示がなければ、ラブホテルだとは思わなかっただろう。

「どうかな？」と訊ねると、美由さんは恥じらいを含んだ微笑を浮かべてうなずいてくれた。

ラブホテルなので料金は先払いだ。受付で部屋の鍵をもらい、ルームナンバーを確かめ、鍵を開けた。美由さんの肩を抱いて、室内に入った。

「なんだか怖い」

美由さんが呟いた。そこで、諭司さんは、「優しくする」と誓った。

……が、実は彼も未経験なのだった。

「大丈夫だよ。安心して……」

と、ほとんど自分に言い聞かせていたら、「そうじゃないの」と硬い声で遮られた。

「この部屋、何か変な感じがする。あの絵を見て！」

指さされた先に、額縁入りの絵が飾られていた。単行本の表紙ほどのサイズの額縁で、絵はさらにひと回り小さい。離れたところからでは、ゴチャゴチャとして、何が描かれているのかわからなかった。そこで近づいて確かめてみたところ、それは、触手を顔から生やした怪物のイラストだった。H・P・ラヴクラフトやオーガスト・ダーレスのファンで、「クトゥルフ神話」にも親しんでいた諭司さんは、これを見て反射的に、「クトゥルフだ」と言い、クトゥルフ神話体系について、ひとくさり講釈を垂れかけたが、

「諭司くん、何言ってるの！　もうやめて！」

と、美由さんが余計ひどく怯えたようすになってしまったので蘊蓄《うんちく》を引っ込め、気を紛らわせてあげようと思い、テレビを点けた。

すると、ザッーッと砂嵐の音が大音量で鳴り響き、どぎつい赤や青、黄、紫、緑など原色が渦《うず》を巻くサイケデリックなアニメーションがいきなり画面に映った。色調もグニャグニャした動き方も眩暈《めまい》がしそうな気持ち悪さで、慌ててチャンネルを変えたのだが。

「なんだ？　これしか映らない！　どのチャンネルも同じだ！」

怖くなってテレビのスイッチを切ったところ、今度はクトゥルフのような化け物の絵から白い靄《もや》が湧き出してきた。次いで、リモコンに触ってもいないのにテレビが点き、その他の照明はすべて消えた。暗闇で原色の渦巻きが蠢《うごめ》き、画面の明かりに額縁から噴き出す白い靄が照らし出されたと思ったら、美由さんがキーッと奇怪な叫び声をあげた。

そこで急いで抱き寄せようとして……諭司さんは慄《おのの》いた。美由さんの体が氷みたいに冷たかったのだ。しかも石像のように固まっている。名前を呼んだが、目を見開いたまま瞬きもせず、まったく反応がなかった。

氷柱と化してしまったかのような美由さんを引き摺って部屋を脱出し、駐車場まで連れていって車の後部座席に寝かせた。

早くこの場所から離れたい一心で、車を発進させた。このとき諭司さんは、自分が頭から水を被ったように汗を掻いていることに気がついた。それに、なぜか寒くて震えが止まらない。汗が冷えたというよりも、美由さんの体の冷たさがうつったのではないかと思った。

美由さんのことが心配で、少しすると涙が出てきた。信号で止まるたびに後部座席を振り返って安否を気遣ううちに、美由さんは少しずつ回復していった。

「諭司くんのおうちに連れていって……」

「え？　そ、それは、どうだろう？　母が寝てるんだけど」

「お母さま、ご病気なの？」

「いや、夜だから布団で眠ってるだけ」

「起こさないように、静かに致します」

——意外に大胆だな。

照れくさいやら焦るやら、諭司さんが言葉に詰まった挙句、「うちには神棚も仏壇もあるから、とりあえず安心して！」などと口走ると、美由さんは最前までの恐怖を思い出したのか、身を起こしてバックウィンドウから車の後ろを確かめた。そして、「何もついてきてないみたい」と、不吉なことを呟いた。

「疲れちゃったから横になっててていい？」

「もちろん！　着いたら起こすから、少し眠りなよ」

すでに午前二時を過ぎていた。家に帰りつくのは三時頃になるだろうか。

美由さんはやがて熟睡してしまったようだった。諭司さんは車を走らせながら、去年テレビの洋画劇場で観たアメリカのホラー映画『ポルターガイスト』を思い浮かべた。

まさか本当に、あの手の怪奇現象に遭遇するとは。

硬直した美由さんを連れ出そうとしていた間、部屋のあちこちで家具が勝手に動いていたような気がしたが、なるべく見ないようにしていたのだった。あれがいわゆるポルターガイスト現象に違いないが、テレビに映った不気味な画像と絵から噴き出してきた白い靄、そして停電と美由さんの異変だけでも、許容範囲を超えていた。そのうえ、ひとりでに動く家具になんか構っていられないという気持ちだった。

映画『ポルターガイスト』のストーリーは、一九五〇年代にアメリカで本当に起きた超自然的な事件をベースにしているそうだ。出演した女優の一人は、米国で上映が開始された直後に恋人によって殺害されている。

諭司さんには知る由もなかったが、映画『ポルターガイスト』は、この年に続編が公開され、さらに一九九八年に完結編が出来て三部作になった。そして、一作目の公開直後に殺された女優以外にもシリーズ全作を通して俳優や関係者が六人も亡くなったことと、元になった実際の事件がアメリカ原住民の埋葬地を潰して建てた家で起きていたことから、《呪われた映画》と呼ばれるに至った経緯がある。

ようやく家に辿《たど》りついたときには、夜は白々と明けていた。母はよく眠っているようで起き出してくる気配はなく、諭司さんは、寝ぼけ眼《まなこ》の美由さんをとりあえず自分のベッドに寝かせた。それから気休めに仏壇と神棚に手を合わせに行き、また部屋に戻ったのだが、その間、何かが奇妙に思えて、喉に魚の小骨が引っ掛かっているような心地がしていた。

美由さんは再び眠ったようで、目を瞑《つむ》っている。綺麗な寝顔に口づけしようとして、ベッドのダッシュボードに置いてある目覚まし時計が目に入った。

朝の五時をさしている。

ラブホテルを逃げ出してから、途中、車を運転しながら時刻を確かめたとき、午前二時を少し過ぎたところだった。あの辺から家までは距離にしておよそ七〇キロメートルだ。途中、高速道路を使ったたし、ほとんど車が走っていない時間帯だったこともあって、かなり飛ばしてきたと自覚している——三時間も、かかるわけがない。

それだけでも鳥肌が立つほど恐ろしかったが、その後、目を覚ました美由さんと話をしたら、もうひとつ奇怪なことが判明した。

美由さんは、あの部屋でクトゥルフの絵を見ていなかったのだ。

「幽霊画だったわ。円山応挙《まるやまおうきょ》の《返魂香之図《はんごんこうのず》》みたいな日本画で、腰から下がスーッと消えてる女の人の幽霊が、恨めしそうにこっちを見てた」

「いや、タコの足を髭《ひげ》みたいに生やしてる怪物だったじゃないか。あれはどう見てもクトゥルフのイメージだよ！」

「だから、もうやめてって言ったのよ。諭司くんが違うものを見てるみたいで怖かったから！」

朝陽の中、万年床《まんねんどこ》のベッドで二人はひしと抱き合い、ガタガタと震えた。

狐憑き

愛知県豊川市にある曹洞宗《そうとうしゅう》の寺院《豊川稲荷《いなり》》は、正しくは「円福山 豊川閣 妙嚴《みょうげん》寺《じ》」と称する仏教寺院である。「稲荷」とは呼ばれているものの、お狐さまを祀《まつ》った稲荷神社ではない。しかし狐との縁は深く、開祖・寒巖《かんがん》義尹《ぎいん》禅師が、今から七〇〇余年前に救国の志を持って二度も宋《そう》国（中国）へ渡り、二度目の帰航で白狐にまたがった荼枳《だき》尼天《にてん》――豊川稲荷では豊川吒枳《だき》尼眞天《にしんてん》と呼んで敬している――の祝福を受けたことが始まりとされる。

荼枳尼天の起源はインドのダーキニーで、空を飛び人肉を食べる魔女であり、また、ヒンズー教ではカーリーの眷属《けんぞく》で鬼神・夜叉女《やしゃめ》だとされ、これも殺した敵の肉を喰らう。

しかし日本では、神道における稲荷信仰と習合して、稲束を荷って宝珠を捧げ、白狐に乗った天女になった。豊川稲荷も荼枳尼天を祀るほか、《霊狐塚》といって約一〇〇〇体もの狐像を祀るご参拝所を有している。

愛知県豊橋市にあった吉村諭司さんの生家では、代々、荼枳尼天を祀り、豊川稲荷を信奉していた。仏教としては曹洞宗の宗徒であり、明治時代に紡績業で財を成して建てた豪壮なお屋敷には、立派な仏壇があった。

けれども時代は移ろい、貯えが尽き、家業も廃して久しくなった昭和五一年、諭司さんの祖父の方針で、本社を三重県の伊勢神宮に置き天照大神《あまてらすおおみかみ》を主祭神とする、伊勢系列の某神社をも信奉することに決め、初めて神棚を設けた。

仏間に神棚がしつらえられると、家族が集められ、祖父が招いた神主が、これからは神棚を先に拝み、次に仏壇に向かって手を合わせるようにと全員に言い渡した。

その頃、諭司さんは九歳で、三つになる弟と並んで正座させられ、祖父や神主の話を聞くふりをしていたが、ちんぷんかんぷんで早く終わらないかと思うばかりだった。

弟の方は途中から船を漕ぎだし、母が慌てて部屋の外に連れ出した。

祖父は決して豊川吒枳尼眞天さまを見限って天照皇大神さまに乗り換えたわけではなく、これまでお仏壇で祀ってきたご先祖さまに、今後は神さまも加勢していただいて、家の復興を願おうというコンセプトだったようだ。

しかし何かが間違っていたのだろうか——神棚をしつらえたその夜から、弟が奇声を発して暴れたかと思うと昏々《こんこん》と眠り、そうかと思うと獣のように四つ足で縁側を駆け回るという怪しい症状を呈した。

諭司さんは早々に布団に追いやられ、翌朝、弟の姿を探そうとすると、「あれは狐憑《つ》きだから、狐を落とすまで会ってはいけない」と言われた。そこで、どこにいるのかだけでも知りたいと母に懇願したところ、神棚と仏壇がある部屋に閉じこめたと教えられた。

「決して覗き見してはあかんがね。狐がおみゃーにもうつったらあかんで」

こんなふうに脅されて遠ざけられた。

約一ヶ月間、神棚と仏壇の間に弟は寝かせられていた。祖母と母が、アルマイトのたらいで沐浴《もくよく》させたり、食事を運んだりするようすを、諭司さんは傍観していた。

手伝わせてほしかったが、件《くだん》の部屋に近づくことすら禁じられ、弟が触ったものに触れるのもいけないと言われては、あきらめるしかなかった。

その間に都合五、六回も、三重県からわざわざ神主が足を運んでは、弟が寝ているそばでご祈祷をあげた。そのようすだけでも見たくてたまらなかったが、障子《しょうじ》を開こうとしても開かなかった。

どの障子も一ミリも動かすことが出来なかったのに、弟が全快したと知らされて駆けつけたときは、易々《やすやす》と開けることが出来た。

引手に手をかけ、桟《さん》を力いっぱい引っ張っても、あの部屋のどの障子もビクとも動かなかったので、神主が結界を張ったのかもしれないと、諭司さんは今でも思っている。

閉じこめられていた間のことを、彼の弟はまったく憶えていなかった。

深夜零時の女

本山晶夫《もとやまあきお》さんは、パソコン修理やインターネット関連のサポートを行う会社に勤務している。彼の担当は《出張サポート》。受注に応じて訪問し、トラブルに対応する。

近頃、ネット関連の技術開発が進み、インターネットと接続された監視カメラなども普及してきた。新しい機器は持ち主が扱い方に慣れていないため、問題が発生しやすい。

あるとき彼は、無線ＬＡＮ接続型監視カメラのことで、個人のお宅に呼ばれた。午前一〇時、訪ねてみると、屋根つきの重厚な門構えを備えた新築に近い一戸建てで、各所に防犯用の監視カメラが取り付けられていた。

門の前に立ったら、さっそく屋根の庇《ひさし》に設置した赤外線センサー付きの監視カメラが起動した。カメラアイ付きのインターフォンを押して到着を告げると、門扉のロックが解除された。中に入ると門は自動的に閉まった。

玄関の上部にも監視カメラが取り付けられており、依頼主によれば、問題はこのカメラの録画にあった。

「深夜零時ちょうどになると、玄関の外に女の人が現れて、三分で消えるんです」

依頼主のノート型パソコンに保存した録画を見せてもらった。

画面の端に時刻が映っている。〈23：59〉までは、カメラは無人の玄関ポーチを写しているだけだ。画角は、正面上部からの斜め俯瞰《ふかん》。防犯用の常夜灯が、タイル張りの壁面や床を虚《むな》しく照らしている。

変化は、時刻が〈00：00〉を示したときに起こった。

画面中央に、忽然《こつぜん》と女性が出現したのである。長い髪を肩に垂らした、二〇代から三〇代前半と思《おぼ》しき若い女が、玄関の真正面に佇んでいる。顔立ちは整っていそうだが、虚脱したような無表情がやや不気味な印象だ。しかし、量販店で売っていそうな白っぽいワンピースを着てピンクのカーディガンを羽織った姿から受ける印象は平凡で、どこと言って異常さは感じられない。

現れ方は奇怪だったが。そして消え方も。

〈00：03〉になると、彼女の姿は突然、消えた。

監視カメラを設置した日の夜から出没しはじめ、毎晩欠かさず現れるが、依頼主の家族は誰も、この女に心あたりがないそうだ。

深夜零時の女、をモニタリング

毎晩〈００：００〉ジャストに突然現れて三分後に消える女の監視カメラ映像を、本山晶夫さんは勤務先のパソコン修理会社の上司や同僚に見せた。「誰かが監視カメラのネットワークに映像を混入させて依頼主に嫌がらせをしている」または「依頼主自身か家族の誰かが録画映像をねつ造した」という意見が集まり、晶夫さんが検証することになった。

過去に、悪意のある監視カメラの製造業者が、購入者のＩＰアドレスを突きとめた上で、自社のネットワークカメラのファームウェアに仕込んでおいたセキュリティホールを用いて、顧客のパソコンをハッキングした犯罪事例がある。

けれども、いざ試してみると、今回の依頼主の監視カメラ映像のように、ブレもノイズも全くなく、他の映像を混入させることは不可能だった。また、件《くだん》の動画には編集された跡は発見できず、ねつ造の可能性も低かった。

しかも、晶夫さん自身、依頼主に自分の仕事用のデバイスを登録させてもらって、深夜零時にライブ中継をモニタリングしてみたところ、女は同じように現れた。

女の姿が、デジタルな唐突さで出現して、三分後に、やはり電磁的に消失するのを晶夫さんは観察した。女が消えた直後、スマートフォンに依頼主から着信があった。今夜、女が出没する頃にモニタリングすることは告げてあったから、晶夫さんは驚かなかった。

「見ましたか？」と問いながら、依頼主が監視カメラ映像のライブ中継の画角の中に現れた。スマホを顔の横に当てがい、周囲に視線を走らせている。

「ええ。今も見てますよ。何か異常な点はありますか？」

「いいえ。明日は、思い切って夜一二時ちょうどにドアを開けてみようかと思います」

晶夫さんは依頼主の勇気に驚きながら、翌日も電話で報告を受ける約束をした。

しかし、翌朝、依頼主の家人から連絡があり、計画が中止になったという。

依頼主が昨夜の電話の後、心不全で倒れ、入院してしまったのである。依頼主の家人から「玄関の監視カメラのケーブルを外したので、今後の対応は不要です」と晶夫さんは告げられたが、深夜零時が近づくと気になって仕方がなくなった。

ケーブルを外したのだから、もうモニタリングすることは出来ない。わかっていながら登録したデバイスで確認した。

未接続のためブラックアウトしていた画面に〈00：00〉、ライブ中継動画が突然、映った。玄関ポーチに女が佇んでいる。そして三分後、画面は再び真っ暗になった。

入院した依頼主がその後どうなったかは、わからない。

黒がいい

本山晶夫さんは、パソコン修理の《出張サポート》の仕事をする中で、何度かゾッとした経験があるという。これはそのうちの一つ。

あるとき、廃棄処分にするパソコンから新しく購入したパソコンへのデータの移行を頼まれた。新品のパソコンのセットアップと、古いパソコンの下取り処分とを合わせてやってほしいということで、依頼主のお宅に伺った。

依頼主は高齢の女性で、パソコンのことはよくわからないまま、長年、デジカメで撮影した写真のアルバム代わりにしてきたと述べた。確かに、古いパソコンのハードディスクには、三〇〇〇枚を超える写真データが保存されていた。

それが、一枚残らず真っ黒で、どの写真にも何も写っていなかった。

後で揉めると厭なので、その場で依頼主に写真データを確認してもらった。が、それを見た女性はさも当然というように、全部真っ黒でいいのだ、と言った。
あの人は今でも黒一色の写真を撮っているのではないか、と晶夫さんは思っている。

酒と塩

愛知県名古屋市出身の安藤幹也《あんどうみきや》さんは、中学校一年生から二年生の頃、よく金縛りに遭《あ》っていたそうだ。

週に一度は金縛りに掛かる。金縛りのときは全身どこも動かせないだけでなく、瞼《まぶた》も開けられない。毎回、暗闇の中を何かがヒタヒタと近づいてくる気配を感じて、その「何か」に触られるのではないかという言い知れない恐怖を感じた。

ついに触られてしまう！　と、必死になって全身に力を込めると、金縛りが解けた。目を見開いて飛び起きるが、寝室には汗まみれになった自分以外、何もいない。

怖くてたまらないので、両親に甘えて、同じ部屋で寝させてもらうことにした。

「ようすがおかしくなったら体を揺すって起こして」

そう頼んでおいて、もしも金縛りになったら意識して呼吸を荒くした。親に体を揺さぶられると、金縛りは簡単に解けた。

しかし中二の夏休みになると、さすがに両親も一緒に寝かせてくれなくなった。父も母も金縛りの経験はなく、息子が感じている恐怖を理解していなかったのだ。

「ときどきうなされてるけど、たいがいいつも気持ちよさそうに寝てるわよ？」

「おまえの年頃で親と寝たがるなんて、普通じゃない」

「そうよ。これを機に一人で寝られるようになりなさい。もう大きいんだから」

両親から呆れ顔で突き放されて、幹也さんは観念した。

今後は一人で寝るしかない……。

なるべく寝たくない一心で、夏休みの宿題と進学塾の予習復習を必要以上に熱心にやった。けれども、やがて睡魔に抗《あらが》えなくなり、おっかなびっくりベッドに入った。

時刻は午前二時を少し過ぎた頃だった。

夏用の軽い掛け布団を一枚掛けて、仰向けに寝て目を閉じた。

すぐにうつらうつらしだして、このまま何事もなく朝を迎えられますようにと念じていると、何か体重が軽いものが、足もとから頭の方に向かって、ゆっくりと掛け布団の上を踏んで上がってくる感覚があった。

――あ、猫かな？

その頃、幹也さんの家では白い雌《めす》猫を飼っていた。たまに、その猫が知らないうちに夜中に幹也さんのベッドに来て、朝起きてみると胸の上で眠っていることがあった。

だからそのときも最初は猫かと思っていたが、いきなり人間の冷たい両手で首を絞められた。絞められた拍子にグゲッとガマ蛙《がえる》のような声が出て、それきり舌が動かせなくなる。金縛りだ！

でも、いつもとは違う。首を絞められているだけではなく、いつの間にか、十字架に磔《はりつけ》にされたキリスト像のように両腕が左右に大きく開いていた。

掛け布団の上から踏まれた感じだと、それの体重は猫並の軽さなのに、力は強かった。ギシギシと首を絞めあげてくる。体温がまるで感じられない冷たい指や掌《てのひら》の感触にゾッとしながら、幹也さんは危機を悟った。

やっつけなければ殺されると思い、右手に意識を集中させた。すると握り拳《こぶし》を作ることが出来た。さらに頑張ると、右腕に掛かっていた金縛りがいきなり解けた。

幹也さんは、自分の首を絞めている何者かの頭があるだろうと見当をつけた所をめがけて、右手の拳を思い切り振り抜いた。

拳には何の手応えもなかった。が、同時に体全体が自由に動かせるようになった。反射的に目を開くと、口づけをせんばかりの近さに老婆の顔があった。幹也さんと目が合った途端、

「ヒャッ！　ヒャッ！　ヒャッ……」

老婆は甲高《かんだか》い笑い声をあげながら、長い白髪をたなびかせてフワリと浮かびあがり、真上の天井に背中を張りつかせた。そして幹也さんを凝視したまま、ゆっくりと煙のように消えていった。

不気味な老婆が消えてしまえば、いつもと変わらない子ども部屋の状景だった。家の近くの田んぼから聞こえる蛙の合唱の長閑《のどか》さも、何もかも。

しばらく目を覚ましていたが、そのうち再び眠くなってきた。

またあいつが現われたら……。危機感を抱いた幹也さんは、一計を案じた。

台所から小さな小鉢二つに塩と清酒を注いできて、それに自分の髪の毛を四本浸《ひた》して

ベッドの四隅に一本ずつ乗せた。

誰に教えられたのでもなく、自分なりに考えて結界を作ったのだ。

そして朝、眠っていた幹也さんは怒った母親に叩き起こされた。

「『あんた寝る前にお酒飲んだでしょ!』って叱られました。塩を肴《さかな》にするなんて通な日本酒の飲み方を覚えたのは、それから三〇年後……つい最近のことです」

と、現在四四歳の幹也さんは笑う。

その後は金縛りに掛からなくなったが、老婆の正体はわからずじまいだという。

自死の連鎖

この三月、長男が高校を、次男が中学を、それぞれ卒業するのとタイミングを合わせて、和田芳乃《わだよしの》さんは引っ越しをした。転居の前に、息子たちを家庭裁判所に出向かせて、苗字の変更許可を申し立てさせ、二人とも和田姓になると同時に、正規の手続きに従って芳乃さんの戸籍に入ってもらった。

それまでは、学校や地域での人づきあいを優先して、兄弟とも死別した夫の苗字を名乗り、夫の戸籍に入ったままにしていたのだが、転居と二人の進学のタイミングが合うこの機会に、思い切って変えることにしたのだった。

苗字や戸籍の変更手続きは、一五歳以上であれば、子ども自身が家裁に足を運んで自らの意思で申し立てを行わなければならない。三人でよく話し合って決めたことだった。

「これで、運気が変わるんじゃないかな?」

　すべての手続きが終わると、長男が期待をこめた口調で芳乃さんに言った。横で次男もうなずいて、「そうだよ。お母さん。これからは良いことがあるよ！」と、うけあった。

「こんど住む町の名前がお父さんの苗字と同じなのは、ただの偶然だ。僕は全然気にしてないよ」

「うん。お兄ちゃんの言うとおりだよ。不動産屋に勧められた物件の中で、いちばん良いと思ったところが、たまたまお父さんと同じ名前の町にあっただけじゃないか」

「でも……。あなたの高校の目の前にユミちゃんのお墓があるのも偶然？　入学説明会に行くまで気がつかなかったわ」

　新居がある町の名前が亡き夫の苗字と同じであることと、次男が入学する高校の隣にある霊園に死んだ親友のお墓があるのに後から気づいたことは無関係だが、芳乃さんには、単なる偶然で片づけられなかった。

　――死んだ人たちに引き寄せられているみたい。

　暗い考えに取り憑《つ》かれてはいけない。せっかく子どもたちに協力してもらったのだから、しっかりしなければ。そう自分に言い聞かせているのだが……。

芳乃さんの夫が自殺したのは、上の子が中学一年生だった約五年前の夏のことだ。当時住んでいたマンションの近くの児童公園で、木に園芸用のロープをかけて首を吊っていた。

夫は下の子が生まれた頃から失業しており、芳乃さんが家計を支えていた。彼女から離婚を切り出した矢先の出来事だったので、罪悪感が残った。

夫が自死するために選んだ公園は、息子たちが幼かった頃に家族でよく遊びに行っていた場所だった。失業後も、夫は子どもにとっては優しくて面倒見のいい父親だったと芳乃さんは思う。彼女にしてみたところで、彼は怠惰《たいだ》で浪費癖《へき》があったが、死んでほしいと願ったことは一度もなかった。

次男の高校の近くにお墓があるユミちゃんは、芳乃さんとは二〇年来の親友で、息子たちをよく可愛がってくれた。彼女の仕事が忙しいときに、息子たちに夕食を作って食べさせてくれたこともあった。そのユミちゃんも、芳乃さんの夫が自殺した年の翌年、にわかに精神を病んで、自殺してしまった。

それからも、芳乃さんにとって、悲しい出来事が続いた。

ユミちゃんとの共通の友人も急死した。父までも、破産したと思ったら、その心労のせいもあってか肺炎をこじらせてあっけなく逝ってしまった。

芳乃さんの母は、彼女が高校生の頃に愛人を作って出奔し、両親は離婚している。芳乃さんは父に引き取られ、母とは連絡を取り合っていない。

――一〇年足らずのうちに、とても孤独になってしまった。

つい陰気になってしまうのは、ここ数年、仕事がうまくいっていないせいもあるかもしれなかった。思いつきで立ち寄ったパワーストーンの専門店で、店員に勧められるままに高価なブレスレットを注文してしまったのは、心が弱っていたせいだと自覚していた。


「お母さん、こないだ話してたブレスレットっていつ届くの？　早く届くといいね！」

「パワーストーンってマジで効果あるんだってね。もう安心だね、お母さん！　何かあったら、いつでもスマホに連絡して。……じゃあ、行ってきます」

息子たちは優しい。一〇代の少年にしては気づかいがすぎるのではないかと芳乃さんは思う。父親が自殺した影響もあるだろう。これ以上、この子たちに負担をかけてはいけない――。

その日は、出来上がったパワーストーンのブレスレットが届く予定になっていた。

しかし、急な衝動にかられて芳乃さんは息子たちが出掛けると寝室へ行き、そこの壁に取り付けた衣装用のフックにロープを掛けて、首を吊った。

喉が締まる刹那《せつな》、衣装箪笥《だんす》の上に立てておいた父の遺影が目に飛びこんできた。

「父と目が合ったように感じました。その途端、我に返ってジタバタ暴れたんです。そうしたらフックが壁から抜けて、助かりました。死ななかったのは父のお陰です」

パワーストーンのブレスレットは、その直後に宅配便で届いた。自分がそれを手にする前に、死の世界へ引き摺り込もうとする力が働いたのではないか、と、芳乃さんは感じているのだという。

引っ張られやすい

山口県出身の田中広志《たなかひろし》さんは、一〇歳のとき死にかけた。

春休みに熊本県にある父の郷里を訪れて、橋から転落して全身を強く打ち、頭蓋を陥没骨折した他、合計一〇ヶ所以上もの骨が折れたり砕けたりしたのだ。

打撲や裂傷も酷く、体中ズタズタだったが、内臓だけはほとんど無傷だったお陰で、後遺症を残しながらも命は助かった。

意識を回復したときは、たくさんのチューブに繋がれてベッドに寝かせられていた。広志さんの中では、ついさっき橋から落ちたばっかりだったが、実際には一週間も経っていた。

一週間つきっきりだった両親は、彼が意識を取り戻したことを喜んだが、広志さんがあとで聞いたところによれば、このとき医師はまだ予断を許さないと言っていたそうだ。

目を覚ましてしばらくの間は話が出来る状態ではなく、かろうじて開く片目で見える範囲を確認するのと、あとは聴覚と嗅覚だけが頼りだった。

母が泣きながら、「あんたは引っ張られやすいけぇ、いつでも般若心経《はんにゃしんぎょう》を唱えられるようにしちょきんさい」と言い、「そんな面倒なこたぁしとうない」と思っても、首を横に振ることもできない。

「お父しゃん家《ち》ん辺りは、平家《へいけ》ん子孫や菅原道真《すがわらみちざね》ん子が逃れてきた隠れ里やて言われとるけん、平家ん落人《おちうど》たちに呼ばれたんかもしれんかなぁ」と、父がよくわからないことを述べてもおとなしく聞いているしかなかった。

両親はしばらく遥か昔の歴史ロマンに思いを馳せて感慨にふけるようすだったが、やがて急に母が「線香くさい！」と騒ぎ出した。

言われてみれば、たしかに仏前にあげる線香の匂いが漂ってきていた。

広志さんにも、その匂いは嗅ぎ取れた。片目で捉えられる範囲だが、室内にうっすらと白い煙がたなびいているようにも見える。

「匂うじゃろ？　……なあ、わしら、平家さんより、あんたの祖先の霊に祈らにゃあいけんのじゃない？　だって村の法要に来たわけじゃし。今から行ったら間に合わん？」

そうだ、と、広志さんも思い出した。父の故郷に来た本来の目的は、父の実家がある集落の住民が総出で行う、大掛かりな法要に参加することであった。

法要が執り行われる一週間ほど前に現地入りして、父方の祖父母や伯父たちの家に泊まりながら集落の周辺を観光する予定だったのだ。父の生家辺りは九州最後の秘境とも呼び称されており、連なる山々と渓谷、大小の滝などがある。ところが、さあこれからあちこち見物するぞ、という矢先に大怪我をしてしまったわけである。

「なしてかって、この子が意識を取り戻したら、線香が匂うてきたというのが怪しゅうない？　ご先祖様がこの子を引っ張りに来たってことじゃろう！」

「霊安室は地下なんに、こぎゃん最上階ん方まで煙が上ってくるわけがなかけんなぁ。こりゃ、すぐに来《こ》えて言うことか！　来んなら広志ば連れてくって、させとったまるか！」

「早う行こう！　広志、法事に行ってくるけぇ。引っ張られんように、待っちょってね！」

両親がバタバタと去っていくと、窓も開けないのに、すみやかに線香の匂いや煙が消えてしまったのだという。

「引っ張られんごつって言われてん、どうしょんなかねぇ」

と、広志さんがまさに思っていたことを、さっきから居合わせていた医師が代弁してくれた。

引っ張られすぎる

子どものときに瀕死の重傷を負った田中広志さんは、奇跡的に後遺症を克服し、長じてからは全国各地を飛びまわるフリーのカメラマンになった。

二〇〇五年の六月初旬から約四ヶ月間かけて、当時三六歳の広志さんは北海道の道内をオートバイで巡る撮影旅行をした。

北海道では、多くの地域で一〇月中旬には早くも雪が降りはじめる。そのため、一〇月の初めに、苫小牧《とまこまい》と茨城県の大洗《おおあらい》を繋いでいる定期航路のフェリーに乗って、本州に戻ることにした。

苫小牧港から夕方に出航する便に乗り、船中で一泊して、翌日の午後一時半頃に大洗港に到着する予定だった。連れのいない広志さんは夕食後、早めにドミトリーに引き揚げて、撮ってきた写真データや機材をのんびり点検し、旅の想い出を反芻《はんすう》した。

この夏の甲子園では駒大苫小牧が五七年ぶりに二連覇を果たして、北海道中がお祭り気分に湧いていたのであるが、明るい話題に背を向けるかのように、広志さんは、今回、道内各地の打ち捨てられた廃墟を重点的に回った。

北海道には多くの廃坑、廃村があるが、中でも特に深く広志さんの印象に残ったのは、かつてニシン漁で栄えた漁村の跡で、学校や教員宿舎、集会所などがすべて廃屋となり、植物に侵蝕されている景色だった。

衰退と破産は絶望を産むものだ。自死を選んだ者も多かろう。朽ちた建物に足を踏み入れるたび、暮らしの余韻がそこかしこに感じられた。物陰から睨《ね》めつけるような視線を感じて振り向いた回数は、二度や三度ではきかない。その都度、なんの姿も見えなかったが。

――霊を拾ってきてしまったかもしれないな。

フェリーに乗船する前から、廃墟をさまよっていた死者の魂が後ろからついてきているような気がしていた。湿り気を帯びた冷気を背筋に感じるたびに、頭の中で般若心経を唱えてやりすごしてきた。

般若心経を習得したのは一〇歳のときだ。平家の落人や菅原道真公の末裔《まつえい》に所縁《ゆかり》のある因縁めいた土地で大怪我をしたため、母にむりやり丸暗記させられた。

母によれば、広志さんは霊を引き寄せやすく、あの世へ引っ張られやすい性質なので、鎮魂もしくは怨霊除けとして般若心経を覚えておく必要があるということだった。一定の効果はあるようで、以来、何度もこれに助けられている。

やがて眠たくなってきたので、広志さんはカプセルベッドに入った。しっかりと就寝の準備を整え、ヘッドボードの明かりを消した直後に、灰色の作業服を着た中年の男が室内に入ってくるのが見えた。何やらひどく陰気な雰囲気を身にまとった男である。

大浴場や遊戯室で時間を潰していたドミトリーの他の宿泊客が寝るために戻ってきたのだろうと最初は思ったが、カプセルベッドのカーテンが目に入って、異常に気づいた。

――カーテンが閉まってる！　そりゃそうだ、自分でさっき閉めたんだから！　でも、だったらなんで、あの男の姿が見えるんだ？

暗い表情で男は広志さんを睨みつけ、次の瞬間、カーテンの内側に現れた。

広志さんは反射的にギャッと叫んで身構えた……つもりが、指一本動かせなかった。喉から声を発することも、どんなに怖くとも瞼《まぶた》を閉ざすことも出来ない。暑くもないのに全身から汗が噴き出した。

カプセルベッドの狭い空間に現れた男は、すぐに再び瞬間移動した。広志さんは、いつの間にか男に上から押さえつけられて、両手で首を絞められていた。

必死で般若心経を思い浮かべた。

観自在菩薩、行深般若波羅蜜多時……。

「そんなん効かねえよ」

広志さんの首を絞めながら男が言った。

さっきから執拗に絞めつづけている。しかしたしかに息苦しくはあるが、呼吸は出来た。普通に考えて、大の男にこんなふうに絞められたら、もう命を取られている。

霊は勝手が違うようだと思い、広志さんはあきらめずに般若心経を心の中で唱えつづけた。声を出したくても出せなかっただけではあるが。

すると男の姿は次第に薄れていき、灰色の煙の塊のようになっていった。終いには、うっすらした霞《かすみ》ぐらいにしか見えなくなり、広志さんが最後まで般若心経を諳《そら》んじたら、

「忘れんなよ」

と、ひと言吐き捨てて、消えてしまった。

般若心経を忘れるなということではなさそうだ。

しかし、あの男に何かしたという自覚もない。そもそもあれが誰かもわからないので、いまだにこの捨て台詞の意味が理解できないと広志さんは言う。

またしても引っ張られる

霊を引き寄せやすい体質の田中広志さんは、学生時代から釣りが趣味だ。とはいえ学生の時分は釣り堀や近場の埠頭《ふとう》で糸を垂らす程度だったが、あるとき、本格的な海釣りを体験すべく、大学の釣り仲間たち五人と一週間の離島旅行を決行した。

訪れたのは東京の秘境と呼ばれる伊豆諸島南部。八丈島《はちじょうじま》よりまだ先の小島にビバークして釣行《ちょうこう》を楽しんだ。島のよろず屋でテントを設営するのに向いた場所を教えてもらい、ついでに水や食料、酒を買い込むと、よろず屋の老店主が毎日、ようすを見にきてくれるようになった。

都会から来た若者たちが頼りなく思えたのだろうと推察したが、毎日来るのはやりすぎだ、と、最初はちょっとありがた迷惑に感じた。それでも、シマアジやメジナが爆釣で憂鬱になる暇もなく、あれよあれよという間に島を離れる日が翌日に迫った。

　しかし、三日前から天気が時折ぐずついていたのが、とうとうその日から大時化《しけ》となり、明日のフェリーが運航する見込みがなくなった。しかも、突然の暴風雨でテントが破損して使い物にならなくなってしまった。

　途方に暮れていると、ちょうどそこへ、件《くだん》のよろず屋の店主が車を転がして駆けつけて、車に乗せて船着き場の待合所まで連れていってくれた。

「ここなら屋根も壁もあるから安心だ。今晩から明日にかけては大荒れになるから、外には決して出ないように。特に、海辺に近づいてはいけない」

　わかったね、と念押しされて、広志さんは反省しつつうなずいた。チラッとでも煩《うるさ》がって申し訳なかった。みんなもシュンとなってしまっている。日が暮れると早々に、待合所の隅に寄り集まって、各自シュラフに潜り、寝ることにした。

　携帯電話もない時代だった。待合所には公衆電話があった。自分たちの他には誰もいなかったが、夜ずいぶんと遅くなってから、二人の男が電話を借りに来た。

　社名入りの白いライトバンを出入口に横づけし、引き戸になったガラス扉を乱暴に開けて飛び込んできた。二人とも早足で公衆電話に向かい、すぐに電話を掛けはじめた。

「どうだ？　掛かったか？」「ダメだ」「もう一回」「どうだ」「ああ。やはりダメかぁ」

何度も通話を試みているが、どうしても繋がらないようだ。突風で電話線が切れたのかもしれない。大粒の雨がひっきりなしにガラス扉を叩いている。広志さんの位置からは出入口の方がよく見えた。男たちが乗ってきたライトバンのボディに記された社名「(有)〇〇建設」も。一見して商用車だ。

こんな日の夜でも仕事の心配をしているのかなぁ、大人はたいへんだ、と、ぼんやり思いつつ、広志さんは目を閉じた。

起きていってあの人たちに話しかけるほどの元気はないし、他の仲間はみんな眠っているから、自分も寝た方がいいと判断したのだ。

けれどもなかなか眠れない。目を瞑《つむ》ってじっとしていると、足音が近づいてきた。

「おい。おまえ、見えてんだろ?」

「俺たちのことが、わかってるんだろう?」

いきなり話しかけられて驚いたが、剣呑《けんのん》な雰囲気だったので、男たちが立ち去るまで、眠っているふりをし通した。

翌朝、昨夜のことをみんなに話したら、夢を見たのだろうと笑われた。

「嵐の真夜中に、こんな所まで、わざわざ公衆電話を借りにくるわけないだろ？」

「でも、あの人たちが乗ってきた車のことまで、はっきり憶えてるんだよ？　白いバンで、(有)○○建設って書いてあったんだ」

「一メートル先も見えないほどの土砂降りで、外は真っ暗闇だっていうのに、そんな細かいところまで見えるわけないよ」

……言われてみれば、たしかにそのとおり。でも、夢だとはどうしても思えなかった。

その日は、昨日の荒れ模様が嘘のように天気が回復して、午後一時過ぎの八丈島へ向かう便からは予定通りフェリーが運航されることになった。

午前一〇時頃、よろず屋の店主が人数分の弁当を携えてやってきてくれた。

「よかった！　出かけていたら探しにいかなくてはと思ってたんだ。今日は釣りに行っちゃ駄目だぞ。腹ごしらえして、船が出るまでここでのんびりしてろ。海は、こういう不安定な天候のときがいちばん危ない。一昨日《おととい》、釣りに行ったきり帰ってこない人たちがいるって聞いて、あんたたちのことが心配になって飛んできたんだ」

「それはもしかして、(有)○○建設の人たちですか？　白いライトバンに乗っている、中年男性の二人組じゃありませんか？」

「なんでわかった？　そう、○○建設の社長さんと部長さんだ。他所から仕事で来て島にしばらく滞在してたんだが、残された車や道具の状況から推《お》して、この近くで高波にさらわれたらしい。まだ遺体は揚がってないけど、確実に亡くなってるって話だよ。女房子どもや部下たちに別れを告げることも出来なくて、さぞや無念で、心残りだろうなぁ」

たぶん馬

私と葛飾時恵《かさいときえ》さんは、似たような時期に神奈川県鎌倉市に住んでいたことがある。共通の知人を介して知り合って、自己紹介し合ううちに九〇年代後半に二人とも鎌倉に住んでいたことがわかった。年齢も近い。

時恵さんも私も、今では別の土地に移り住むようになって久しい。鎌倉で過ごした若い頃の想い出を懐かしく語らっていたら、時恵さんが、「一九九五年から九七年頃に話題になった由比《ゆい》ヶ浜《がはま》の遺構発掘って憶えてます？」と言った。

「憶えているも何も。人骨が山ほど出て、大騒ぎになったじゃないですか。見物しに行きましたよ。掘ってるのを遠巻きに眺めただけですが」

「私も。同じく囲いの中には入れてもらえませんでしたけど、周囲をうろうろしていたら、骨か石かわからないものを拾いまして……。持って帰ってきちゃいました」

「えっ、それはダメなんじゃないですか？　あそこで出土した骨は、案外、貴重なものだったみたいですよ？　国立科学博物館が乗り出して研究が続けられてるって噂です」
「一個ぐらいかまわないだろうと思ったんですよ。約四〇〇〇体分も出土したって言うじゃないですか。私、自分の研究分野は全然違うんだけど、化石っぽい物が大好きで、アンモナイトや三葉虫の化石を集めていたんです。だから我慢できなくて、つい。でも、そのせいで変なことが起こったんですよ」

時恵さんは、由比ヶ浜の遺構発掘現場近くで拾ったものを、上着のポケットに入れて自宅に持ち帰った。彼女は当時、鎌倉市内の母方の祖父母の家で暮らしていた。横浜市内の大学に入学したときから、通学の便が良いことから住まわせてもらっていたのだという。

祖父母の家は、曾《そう》祖父が建てたという築七〇年ぐらいのこぢんまりした平屋だそうで、祖母によれば、「お姑さん」の幽霊が憑いているということだが、時恵さんはオカルト的なものは全然信じない性質だった。

彼女の部屋は北向きの五帖の洋室。南向きの八畳の和室が祖父母の部屋で、和室は他に三室あり、うち一室は祖父の書斎を兼ねている仏間だった。昔の家はどこもそうだが、各部屋の襖《ふすま》をすべて開けるとほとんどの部屋同士を繋げられた。

また、祖父母の部屋と客間からは縁側に出られたし、縁側の突き当りに御便所があり、その前を直角に曲がると廊下があって、廊下の奥の右手の障子を開けば仏間に出られて……と、襖や障子を開けるだけで家の中をグルグル回ることが出来た。平成生まれの人などには珍しく感じられるかもしれないが、これは古い日本家屋にはよくある構造だ。

由比ヶ浜で拾ったという例の骨だか石だか判然としない物体は、時恵さんの親指ぐらいの大きさで茶色がった灰色をして、おおまかに言って棒状だった。表面のざらつき具合から、「たぶん、骨」だと推測しているが、専門家に見てもらわないうちは判断できない。

時恵さんはこれをティッシュペーパーで包《くる》んで、自室の机の引き出しにしまった。

間もなく日が暮れて、祖母と食事の支度をしはじめたときだった。

「ヒヒーン！　ヒヒヒーン！」

と、どこかから馬のいななきが聞こえてきた。馬の鳴き声なんて聞きなれているわけではないが、ヒヒヒーンといななないたあの声は、どうしたって馬である。

時恵さんと祖母は顔を見合わせて、一瞬、固まった。

しかしすぐに祖母がパッと顔を明るくして、「お祖父ちゃんがテレビで時代劇を見てるから」と言った。「ああ、なるほどね！」と時恵さんも合点がいったが、食事の支度が出来て祖父を呼びに行くと、祖父は静かに読書していた。テレビは点いていない。

「お祖父ちゃん、さっき、馬が出てくる時代劇を見てなかった？」

「なんだそれは？　見とらんよ。陽のあるうちから、ずっと本を読んでた」

「馬の鳴き声がしたんだよ。聞かなかった？」

「……ああ、聞いたような気がするが、気のせいだと思ってた」

そういうわけで、夕飯を食べている間中、また馬が鳴かないかしらと三人はずっと期待していたのだが、ひと声もいななかないうちに食べ終わった。そこで、「きっと隣の木村さん家《ち》のご主人が、テレビの音量をうんと大きくして時代劇を見てたんだよ」と祖父が言い、祖母が「そうね。たぶん補聴器を着け忘れてたのよ。前にもそんなことがあったわ」と同調して、それでなんとなく納得する空気になった。

けれども、その後、時恵さんが終《しま》い湯に浸かっていると、風呂場の外から「ブルルルルッ」と馬の鼻息のような音が聞こえたのだった。

馬の鼻息もいななき同様、ほとんど耳にしたことはないが、なんとも馬っぽかった。一回「ブルルルルッ」と鳴いて、三〇秒ほど間を置くと、再び「ブルルッ」と……。

時恵さんは浴槽の中で立ち上がり、風呂場の窓を細く開けてみた。

すると、驚いたように走って逃げていく生き物の尻の辺りが見えた。長い毛がフサフサ生えた尻尾と、逞しい尻。馬だ、と思った。

「大変！　お祖母《ばあ》ちゃん、お祖父《じい》ちゃん、本当に馬がいるよ！」

時恵さんが脱衣場に飛び出して騒いだので、祖父が急いで懐中電灯を持って外に出ていった。急いで寝間着を着て縁側に行ったら、祖母が祖父を迎え入れているところだった。

「どうだった？　馬は？」

「いなかった。時恵は寝ぼけたんじゃないか？　でなきゃ、狸《たぬき》を見間違えたんだろう」

狸ではなく、間違いなく馬だったと時恵さんは訴えたが、信じてもらえなかった。

――その夜、時恵さんは馬に追いかけられる夢を見た。家の中に馬が侵入してきて、時恵さんは逃げながら閉まっている襖を開けて、隣の部屋へ、また襖を開けて隣の部屋へ……と、走るのだが、馬は執拗に追いかけてくる。縁側をパカラッパカラッと蹄《ひづめ》を鳴らして駆けてきて、もうダメだ、踏み潰される……と絶望したところで目が覚めた。

翌日は、祖父母は朝から親戚の家に出かけてしまい、夜まで時恵さんが独りで留守番することになっていた。ちなみに、この頃、時恵さんは大学院の博士課程で、論文を書いたり、調べ物をしたり、家に居ても何かしらやることがあった。

独りになって、さて、そろそろ仕事に取り掛かるとするか、と思ったら、机の引き出しが開いていて、中に入れておいたお宝——由比ヶ浜の遺構発掘現場付近で拾ってきた骨か石かわからない何か——が消えていた。

包んでいたティッシュペーパーだけが、机の下に落ちている。昨日、あれをしまってからは、引き出しを開けた覚えがなかった。

さては、服に引き出しの端を引っかけるか何かして、知らないうちに開けてしまったか？

そのときティッシュの包みごと転げ落ちたとしたら、どこかに転がっているはず——そう思って床に屈みこんだときだ。

カツカツッと、廊下で馬の蹄の音がした。無論、馬の蹄の音なんて、ほとんど聞いたことがないが、他にたとえようがない音だった。何より夢で追い駆けられた馬の足音と同じだ。

カツカツカツカツ、カツカツ。馬が廊下を歩いている図を想像して、あまりのシュールさに独り笑いしながら、部屋から廊下に出てみた。

何も変わったところはない。「そんな馬鹿な、ねえ?」と呟きながら、念のため、他の部屋も点検しようと思った。台所も風呂場も、異常はなかった。

和室に足を踏み入れたが、やはり馬の姿はない。襖を開けて、次の間へ行きかけた。

「ヒヒーン!」

突如、背後から大きな声でいななかれ、咄嗟《とっさ》に振り返ると、姿は見えないが大きな馬が立っている気配があった。畳の上を、のっしのっしと近づいてくる。

時恵さんは悲鳴をあげて襖を開けて隣の部屋へ逃げた。すると見えない馬が追いかけてきた。家中を逃げ惑った挙句、障子を開けて縁側から庭にまろび出て、前のめりに転び、地面に両手をついた。

見えない馬はジャンプして、時恵さんの上を飛び越えると、着地する前に空中で気配を消した。

その後、おっかなびっくり立ち上がったら、縁側にポツンと置かれているあの骨か石かよくわからないものが目に飛び込んできた。時恵さんは、それをすぐに庭に埋めてしまったそうだ。それからは、見えない馬は一度も現れなかったという。

「その翌年に私は海外留学して、それきり祖父母の家には戻りませんでした。祖父も祖母もとっくに亡くなっているし、家は一〇年以上前に人手に渡ったって聞いています。あの骨みたいな物は大学に持っていって、調べてもらおうと思っていたんだけど、結局、正体がわからずじまいになっちゃいました」

「元の場所に返した方がよかったんじゃないの？」

「なんで？　鎮《しず》まったということは、土の中に戻れたら満足だったんですよ」

ちなみに、この稿を書きながら調べたところによると、一九九五年から九七年にかけて発掘された由比ヶ浜の遺構は、《由比ヶ浜南遺跡》と名付けられていて、約四〇〇〇体の人骨の他に、馬などの動物の遺体も多数、出土したそうだ。

少年

今泉一矢《いまいずみかずや》さんは一七歳の頃に、ほとんど部屋に引きこもっていた時期がある。毎日、ベッドに寝転がって、ラジオを聴いたり、無線をいじったりして時間を潰し、眠りに就《つ》くのはたいがい明け方。そんな怠惰な生活を送っていた。

こうなった原因は、高一の三学期で高校を中退してしまったことだ。退学してからというもの、両親は彼に干渉してこなくなった。誰からも注意されないのをいいことに、空腹を覚えたときと、突然オートバイをかっ飛ばしたい衝動に駆られたとき以外、自分の部屋に閉じこもるようになってしまった。

その夜も、いつものように深夜ラジオを聴いていた。最後の番組が終わった午前三時、彼はベッドから降り、ベランダに出て大きく伸びをした。そよそよと風が吹き、たいへん心地いい。夏の名残の九月初旬で、日中は部屋でじっとしていても汗ばむほど気温が高かったのだが。

ここは京都府内の公営団地で、一矢さんの家は団地の敷地の端にあった。五階建ての棟《むね》の三階にある一矢さんの部屋からは、この棟に並行して走る府道を遠く左右に見晴らせた。

ラジオの放送が終わった後でベランダに出るのは、この頃、日課のようになっていた。こんな時刻には、車は滅多に通らない。ましてや人なんて歩いていない。すっきりと空《から》になった長い府道を眺め渡すと、ともすれば鬱屈《うっくつ》しがちな気持ちが、ほんの少し紛れた。

いつもは誰もいない道。ところがこのときに限って一人で歩いてくる人影を見つけて、そちらに注意を引きつけられた。何者かが、府道の端を、一矢さんから見て左の方から、右の方へと歩いている。

接近してくると、それが八歳から一〇歳程度の少年だということがわかった。

少年が近づくにつれて、一矢さんの中で厭な予感が膨らんでいった。

なぜなら、彼はその子の姿かたちに見覚えがあったので。

――あのぐらいの年頃の僕自身にそっくりじゃないか！

肩を怒らせてやや前傾した姿勢や、投げ出すような大股の歩き方まで、なんだか似ているような気がする。気味が悪いと思いつつ目を離せずにいると、少年はいよいよ一矢さんがいるベランダの前方に差し掛かった。

もう見間違えようがなかった。あれは自分だ、と、戦慄したとき、少年がクルッと首をもたげて、こちらへ射るような視線を向けた。途端に、一矢さんは奇妙なことに気がついた。

ここは府道から二〇〇メートルほど離れている。あそこを歩いている人の目鼻立ちなんて判別がつくわけがないのだ。

しかし、その少年の顔は、鮮明に見て取れた。じいっとこっちを見ている眼差しに込めた力加減や、口を引き結んでいる感じまでわかった。

一矢さんは部屋の中に逃げ戻って布団を引っ被り、ドキドキしながら夜明けを待った。

布団の中で思い返してみると、少年が何を着ていたか記憶していないことに思い至った。服の色すらわからない。なのに、それが自分自身だったことだけは確信していた。

それから一週間後、夜、一矢さんは近所の土手をオートバイで走行中に操作を誤り、約二メートル下の川に転落してしまった。

落ちた拍子に頭を打って気を失い、意識を回復したときには、浅瀬に顔を浸して倒れていた。幸い溺れる前に目が覚め、噎《む》せて水を吐き出したからよかったが、事故の目撃者もなく、危うく独りぼっちで溺死するところだった。

オートバイはぶっ壊れ、体のあちこちに怪我をしていたが、傷の方は三週間ほどで癒えた。

歩きまわれるようになった頃、川辺に行ってみたら、ちょうど自分が倒れていた場所にダンボール箱が流れついていて、中に黒い仔猫が三匹入っていた。

どれもまだ辛うじて生きていた。自分が死にかけたのと同じ場所で……。

運命を感じて、拾って帰った。一所懸命に世話をしたら、三匹とも元気に育った。

仔猫を飼ううち、生活に張りが出て、いつのまにか明け方まで起きているようなこともなくなった。

子どもの頃の自分自身と遭遇したことの意味は、今もよくわからない。

ドッペルゲンガーを見ると死ぬという話を聞いたことがあるけれど、子どものドッペルゲンガーだったから怪我で済んだのだろうか。

それとも、神様がああいう姿を取って事故の危険が迫っていることを知らせてくれたのか、はたまた高校中退後に身の内で膨らんでいた危機感が形を成したものだったのか。

とにかく彼はあれ以来、途切れずに猫を飼っている。寿命で猫が逝ってしまうと、いてもたってもいられない気分に陥り、次の猫を飼う。この繰り返しで。

縁側の湯呑

昭和二〇年代の話。

高松奈保子《たかまつなほこ》さんは、一歳から五歳まで鹿児島県の父方の祖父の屋敷に預けられていた。

奈保子さんの祖父は、連れ合いを早くに喪《うしな》って男やもめの生活が長かったせいか、当時の男性としては珍しいほど家事全般が得意で、子煩悩《ぼんのう》な性質でもあった。通いの女中を雇っていたが、彼がほとんど独りで幼い奈保子さんの世話をした。

奈保子さんは、当然、祖父に非常によく懐いた。母は産後、腎臓《じんぞう》の持病が悪化して、床上げできぬまま亡くなった。失意の父は都会に出稼ぎに行き、祖父だけが頼りだったのだ。

しかし、五歳と半年で、祖父も急病であっけなく世を去った。

奈保子さんは、独りぼっちで祖父の屋敷に残された。日中は女中さんが来てくれるが、夜になると帰ってしまう。心細くてならず、しばらくの間は毎晩泣いて、泣きつかれると眠り、朝起きるとまた泣けてきて、食べ物も喉を通らなかった。

やがて涙も枯れ果てて、無感動な人形のような心地になると、女中さんが運んでくるご飯を食べられるようになった。寂しさに慣れて、生きることを選んだのである。

そんなある晩、奈保子さんは、尿意に目を覚まされた。御便所は母屋の外にあった。縁側をまたいで、真っ暗な庭を横切り、五右衛門風呂の裏へ回らないと辿りつけない。独りで行くのは厭だった。暗闇が恐ろしい。でも漏らしたら女中さんに嫌われる。もうご飯をもらえなくなるかもしれない。

仕方なく起きて、屋敷の中をとぼとぼ歩いて縁側まで行くと、月明りの下、板敷きに座布団を敷いて祖父がお茶を飲んでいた。

「あっ、じいちゃん！」

「どげんした？　オシッコか？　ここで見ちょってあぐっで、済ましてきやんせ」

と優しく促されて、奈保子さんは、「はーい」と返事をした。急いで御便所で用を足して縁側に駆け戻ると、祖父が笑顔で「えれぞ。そしたや、はよ寝やんせ」と言った。

奈保子さんは、すっかり落ち着いた気分で布団に入った。それまで何もおかしいと思わなかったが、目を閉じた途端、はたと気づいた。

——あれ？　じいちゃん、死んじゃったんだよね？

そこですぐさま再び飛び起きて縁側を見にいったが、祖父の姿はなく、ただ座布団のそばに生前愛用していた湯吞がポツンと置かれていて、触れてみたらまだ温かった。

幽霊列車

後藤文夫《ごとうふみお》さんは、当時、独身で、大分県内の工場で三交代勤務をしていた。その夜は仕事が終わって帰宅したものの手持ち無沙汰で、明くる日が休みだったこともあり、午前一時頃に自家用車で出掛けた。大分駅の駅前に出来たばかりのネットカフェに行くつもりだったのだが、線路沿いの国道で車を走らせていたら、バックミラーに電車のライトのような二つの光が映った。

最初は小さく見えていたので、遠くから線路の上を電車が来るのだろうと思った。ゆっくりとライトが近づいてくる。徐行運転をしているようだ。ずいぶん遅い。

辺りに人気《ひとけ》もなく、車も一台も走っていない。こんな時間に電車があるのかと疑問を感じると、気になって仕方がなくなった。チラチラとバックミラーを確かめているが、なかなか追いついてこない。かと言って停車するわけでもなく、少しずつ追いついてくるようだ。

文夫さんは、じれったくなって車を停めて、外に出てみた。

電車の輪郭がおぼろげに見えてきた。先頭車両の前面に仄明《ほの》るいライトが二つ——電車のライトはもっと眩《まぶ》しいものだと思っていたのだが、この電車のそれは光が弱々しい。

列車はやがて、文夫さんの目の前までやってきた。一〇両編成ぐらいだろうか。黒いボディの車両を幾つも連ねている。客車の照明が点いておらず、車窓の奥の暗闇に青白い火の玉が一両につき三つか四つ、揺らめいていた。

文夫さんは最後尾が前を通りすぎるまで呆然と眺めていたが、電車の音がまったく聞こえないことにハタと気づいた。震えあがって車に乗り、猛スピードで怪しい電車を追い越した。

しかし、二キロ先のトンネルを抜けたとき、怖いもの見たさがつのって、再び停車して電車が来るのを待った。

線路はまだ国道と並行している。待っていればまた現れるだろうと思っていた。三〇分も粘ったが来なかったのであきらめて、なんだか疲れてしまったので、Uターンして家に帰って寝てしまったのだという。

二〇〇七年頃のことで、道と並行していた線路はＪＲ豊肥《ほうひ》本線だそうだ。

挟み撃ち

「一八年前に、飲酒運転を避けようとして、怖い目に遭《あ》ったことがあります」

後藤文夫さんは、そう前置きして語りはじめた。

「二五、六歳の頃のことです。その頃の僕は恋人もなく、仕事も行き詰っていて、四六時中、悪友のアパートに入り浸《びた》って酒を飲んでいました。

その日も陽のあるうちから酒盛りを始めて、いつの間にやら夜になってしまいました。時刻は見ていなかったからわかりませんが、窓の外が真っ暗になっていて、ああ、また一日ダラダラと過ごしてしまったと思っていたら、友だちに電話が掛かってきたんです。

それは友だちの彼女からの電話で、今晩泊まらせてってお願いされたって奴が言うんですよ。不貞腐《ふてくさ》れたくなりましたけどね、ええ。ムカつきましたよ。

でも、しょうがないから帰ることにしたんです。

ところが僕は車に乗ってきてたもので、弱りました。友だちの部屋に泊めてもらって、翌日帰るつもりだったんですよ。いつもそうしていましたからね。

そこで、つい飲酒運転を……。

とはいえ、かなり酔っ払ってましたから、ハンドルを握って車を転がしてはみたものの、眠たくて眠たくて、すぐにフラフラ運転になっちゃうわけですよ。

こりゃあ無理だぞ、と。家に帰りつく前に絶対事故っちゃうぞ、と。

だけど路上駐車はしづらい状況でした。交通量は多いし、人通りもまだあるし。

じゃあ、友だちのアパートの駐車場に戻って朝まで車内で休めばいいと思うでしょ？

それがそうもいかないんです。彼女が車で来るから、僕の車はどけてあげなきゃいけなかったんですよ。田舎は猫も杓子《しゃくし》も自家用車で移動するんでね。

さあ、困った。……そこで思い出したのが、友だちの家から車で五分くらいのところにある自然公園の駐車場です。

高尾山《たかおやま》自然公園っていうところで、地元（大分県）では有名な心霊スポットです。夜になると不良が集会を開いているという噂もあります。でも、だだっ広い露天の駐車場があって、そこは夜になっても出入りが自由なんですよ。だから前にも友だちの家に大勢集まったときに、その駐車場に車を置いてったことがありました。

ベロベロに酔ってたけど、ゆっくり運転して、なんとか無事に自然公園に辿りつきました。

駐車場に行ったら、隅に屋外灯があって、周囲のようすがある程度は見えました。だけど明かりのそばは眠りづらいと思ったので、屋外灯からなるべく遠い反対側の端に行ったんです。その辺りは真っ暗。屋外灯の光が届かないんですね。

もう、そのときには眠ることしか頭にありませんでした。暗がりにボンネットを突っ込んで車を停めました。

そのとき、僕がいる運転席から五、六メートル離れた辺りにも車が一台停まっていて、助手席の窓の中から人がこちらを見ていることに気がついたんです。

かなり暗いから表情はわからない。こっちを向いていることだけはわかる。無視しようと思い、シートを倒して助手席側を向いて目を瞑ろうとしたら、目が閉じられないんですよ！

それで動揺して咄嗟《とっさ》に起きようとしたところ、姿勢も変えられなくなっていたので、うわぁ、これは金縛りってヤツだと思って。

猛烈に焦ったけど、瞬きすらできないんです。

するとそのとき、車から人が降りて、こっちに向かって歩いてくる気配がしました。

もしも不良で、絡まれたらどうしよう……。不安だけど、金縛りだから逃げられないわけでしょ。振り向けないし。

一気に顔中から脂汗が噴き出してきて、目に入りそうになった。でも一ミリも動けない。僕の車の助手席側を向いているしかない。目を瞑ることもできないから助手席の窓の外を見ることになるわけですけど、そっちは真っ暗闇ですよ。

そう……真っ暗だから駐車するときは気づかなかったんですが、どうやら、そっち側にも車が駐車されてたんですね。

なんでわかったかというと、少しして、その真っ暗闇の中から音が——車のドアが開いて誰か降りて、バタンとドアを閉じる音が聞こえてきたから。

ええ、僕は知らずに二台の車の間に停めていたんです。

で、どちらの車からもそれぞれ人が降りてきて、こっちに歩いてきたというわけです。

左右から挟み撃ちにされた格好ですよ。

足音が両側から迫ってきました。しかし、かなり接近したと思う頃になっても姿が見えない。運転席側は背中を向けちゃってるから近づいてきた気配しかわからないわけですが、助手席側は見えるはずでしょう？

でも、助手席の窓の外にどんなに目を凝らしても、漆黒の闇があるばかり。

やがて、運転席の窓からも、助手席の窓からも、何者かにじっと覗き込まれているような感じがしてきました。

わけがわかりませんでしたよ。怖くてたまらなかったけど、逃げることも目を瞑ることもできず、脂汗《あぶらあせ》を流しながら耐えるしかありませんでした。

そうこうするうち、今度は、自分の車のフロントガラスの方で何かが赤く光るのを視界の端で捉えました。

眼球だけは動かせたので、そちらを見たら、屋根からフロントガラスに赤っぽく輝く溶岩のようなものが粘っこく垂れてきていました。

オレンジ色を帯びた炎のような色のスライムです。それが大量にフロントガラスを覆うように流れてきて、同時に車内の温度が急激に高くなってきました。

身体の中が熱く、血液が沸騰しそうな……。火傷《やけど》の痛みは感じないんですが、内臓が焼けそうというか、身体の奥の灼熱《しゃくねつ》感が凄くて……。

苦悶している僕を、挟み撃ちにした奴らが左右の窓から観察してました。感情が籠らない、冷たい視線を感じました。

でも、間もなく僕は失神してしまったようです。

気がついたら朝になっていました。

金縛りは解けていて、水浴びでもしたみたいに冷たい汗で全身ビチャビチャでした。

靴の中まで汗を掻いて、運転席のシートには僕の形の汗染みができていました。

昨夜の出来事は鮮明に憶えていたので、車から降りる前に、運転席の窓から外を見てみました。車が停まっているはずだと思って。

ええ、車はありました。

ただし廃車でした。

タイヤも窓のガラスも失って、車体に蔦《つた》が絡まりついていました。

車から降りて助手席側に行くと、そちらにも廃車が放置されていました。

こちらは燃やされでもしたかのように車体が煤けていました。おっかなびっくり近づいてみたら、内装やシートが焼け落ちて、骨組みが露出してるじゃありませんか。とくに運転席は無惨に真っ黒焦げでした。

それを見た途端、昨夜の燃えるような熱さが瞬時に記憶に蘇って、自分の身体も黒焦げになったような気がしたんですよ。本当は僕はあのとき焼き殺されたんじゃないかと思って……。こうしてお話をしているんだから、そんなわけはないんですけどね」

呪うつもりが

三年半ほど前のことになるが、会社員でバツイチの藤井幸代《ふじいさちよ》さんは、SNSでメッセージを送ってきた中学校の同級生と、約二〇年ぶりに再会した。

顔を合わせる前に、彼のSNSのページをチェックしてみたら、自分と同じように彼にも離婚経験があることがわかった。実家に出戻っている点も同じ。中学卒業以降の学歴や職歴にも共通点があり、実家同士が近いため、子ども時代に体験したことや行った場所も被る。

もしやこれは運命の再会なのではあるまいか、と幸代さんは胸をときめかせた。

彼の方でも、SNSで幸代さんをリサーチしていたようで、会うとすぐに再婚を前提にした交際を申し込まれた。

すでに三〇代。幸代さんは、こんど結婚する相手とは、双方の親の介護や老後のことなど将来設計についても話し合いつつ、真剣にお付き合いをして、なるべく早く入籍したいと考えていた。

彼にも再婚する意志があると知って、嬉しかった。真面目な人なのだと思い、信用した。

しかし男女の仲になってから、彼は時折、残業や出張をなど口実にして幸代さんと会うことを拒むようになった。幸代さんは浮気を疑い、彼のSNSの投稿をつぶさに確かめた。

SNSで彼の交友関係を辿るうちに、彼が、幸代さんとそっくり同じ立場——彼の中学の同級生、バツイチで出戻り——の別の女性とも恋愛関係にあることが判明してしまった。

彼女のことを幸代さんは「ご近所さん」としてよく知っていた。彼らの母校の中学校は公立で、同じ学区内だった者同士が、それぞれ離婚して実家に帰ってきたのだから、当然、三人とも互いに近くに住んでいるわけだ。家からすぐの道端で彼女とバッタリ会って挨拶を交わしたのは、比較的、最近のことだった。

あの女、何喰わぬ顔をしていたな——と、思い返して、はらわたが煮えくりかえった。

彼に両天秤に掛けられていたことにも傷ついたが、もう一人の女性は、彼と幸代さんが付き合っているのを知っていたようなので、よけい業腹《ごうはら》なのだった。近所で挨拶したときも、おそらくすでに彼らは肉体関係を持っていた。

つまり自分だけが何も知らされず、虚仮《こけ》にされていたのだ。

許せないと思った。

どうしても二人に一矢報《いっしむく》いてやらなければ気が済まない。

そこで、インターネットで「呪い」や「縁切り」という単語をキーワード検索して、彼を祟《たた》る方法を片っ端から調べあげた。

あやうくインチキな呪い代行業者に引っ掛かりそうになったり、「別れさせたいカップルの名前を鏡にピンクのマジックで書いて、叩き割る」といった眉唾《まゆつば》モノのおまじないを大真面目に試してみたりした挙句、日本の伝統的な《縁切り祈願》や《丑の刻参り》に行きついた。

ちなみに幸代さんは関西方面に住んでいるので、以下、彼女が訪れた「縁切り」で名高い社寺はどれも関西に所在している。

京都の貴船《きふね》神社。安井金毘羅宮《やすいこんぴらぐう》。法雲寺《ほううんじ》の菊野大明神《きくのだいみょうじん》と豊川大明神。大阪の鎌八幡《かまはちまん》。まずは、《丑の刻参り》でインターネット検索をすると、真っ先に名が挙がる貴船神社に行ってみようと考えた。

実際、リサーチのつもりで昼間に訪れてみたが、その結果、《丑の刻参り》を実行するのは容易ではないことがわかった。

まず、貴船神社は家から遠く、自動車の運転免許を持っていない幸代さんは、丑の刻が午前一時から午前三時頃であることを考えると、行き帰りとも深夜割増料金のタクシーを使わざるを得ないのだった。しかも一回では済まない。

正しい丑の刻参りの作法では、七日間続けることになっている。タクシー一往復で一万円だとすると、合計で七万円だ。さらに、五寸釘や藁《わら》人形も用意しなければならず、きちんと行うなら、身なりも整えなければならないようだ。

《神社内の浄めの水を使って身を浄めるか、自宅で冷水を頭からかぶって身を浄めた上で、真っ白な単衣《ひとえ》の着物を身につけます。足元には一本歯または長下駄を履き、頭には鉄環か五徳《ごとく》を被り、鬼の角に模したロウソクを最低三本立てます。胸元には魔除けの鏡をぶら下げ、懐には護り刀を忍ばせ、口には櫛《くし》をくわえます。さらに、髪は乱した状態

で顔全体に白い粉をはたき、歯は鉄漿《おはぐろ》に、口は赤い口紅で染めるといういでたちが定型とされています》

――リサーチで訪問したことが無駄足だったとは思わない。貴船川のせせらぎに耳朶《じだ》を洗われながら眺めた参道の景色はたいそう神秘的で、別天地にさまよいこんだような心地がした。樹々も岩も苔生《こけむ》して緑一色に染まった中に、朱色の鳥居が立ち並ぶさまは妖しいまでに美しかった。貴船神社は《丑の刻参り》はさておき、観光地として優れていた。

安井金毘羅宮にも訪れた。ここは《縁切り縁結び碑》が有名だ。ご祭神の一柱として崇徳《すとく》天皇を祀り、日本三大祟り神にも数えられているその霊力によって「悪縁を断ち切り、良縁を結ぶ」ご利益があるとされている。

《男女の縁はもちろん、病気、酒、煙草、賭事など、全ての悪縁を切っていただいて、良縁に結ばれて下さい》

崇徳天皇に魂を売る覚悟で手を合わせ、「あの二人がドライブ中に事故を起こして死にますように」と祈った。

最初のうちは、かけた呪いが自分にも跳ね返ってくる《呪い返し》があっても構わないと思っていた。法雲寺の菊野大明神と豊川大明神や、大阪の鎌八幡にも、本気で呪いをかけるつもりで臨んだ。

しかし、神社や仏閣で綺麗な風景を眺め、それぞれの縁起を読んで悠久の歴史に思いを馳せているうちに、伝統ある社寺を巡ること自体が面白くなってきてしまった。これが生涯を通じての趣味になるという予感がした。

また、例の憎たらしい同級生カップルには、まだ何事も起きていないが、自分の職場で変化があった。安井金毘羅宮で祈った直後に、異動辞令が下されて、新しいポジションに抜擢され、職場を移った。前の職場には怠け者の上司や狡猾《こうかつ》な同僚がいて、絶えず仕事の足を引っ張られて苦労していたのだが、新しい職場の人々はみんな爽やかな雰囲気で、仕事の流れもスムーズだった。

おまけに、デスクが隣同士になった女性も社寺巡りが趣味で、そうなったきっかけは恋人の裏切り行為だと打ち明けてくれた。この人とは気が合いそうだと幸代さんは直感した。

こういうのも、悪縁が切れて良縁が結べたことになるのではないかと思った。

呪いをかけるため、休日ごとに方々を歩き回っていたら、知らない場所に行くことが苦にならなくなり、学生の頃にハマっていた演劇の舞台鑑賞の趣味も復活した。

かつてファンだった俳優や芸人と交流しはじめて、幸代さんのSNSライフは見違えるほど――不実な恋人や恋敵を暗く監視していた時期と比べたら嘘のように――充実した。

そして時は過ぎ、去年の暮れに、件の同級生たちの父親の訃報が自治会誌に載った。

寿命には少し早いと思うのに、立て続けに亡くなってしまったようだ。

息子や娘の代わりに、彼らの父親たちが呪いを被ったのかもしれない。

訃報を見て、彼らが結婚していたことも初めて知ったが、幸代さんには、もはやなんの感慨もなかった。

強盗

大阪府淀川区で飲み屋を経営していた増田幹治《ますだかんじ》さんは、あるとき、繁華街の外れの方に居抜きで入れる店舗を買った。昨今と比べれば景気が良かった平成の初め頃のことで、三階建てのビルを土地ごと手に入れ、とりあえずは一階だけ営業して、二階を倉庫兼事務所にし、三階に家族を住まわせた。

今より人々の懐《ふところ》が温かかったので、深夜〇時を過ぎても酒飲みがポッポッ入ってきて小銭を落としていった。金曜、土曜は朝まで店を開けておくことにして、店員を二人雇い、二階の事務所で交代で休ませた。

店員のうちの一人は、民生委員から斡旋《あっせん》された一八歳の若者で、天涯孤独の身の上で住む家もないというので、雇い始めてから二週間だけだが、二階で寝起きさせてやった。

幹治さんの妻は世話好きな女性だったから、この若者に細やかに気を配り、不自由をさせなかった。当時小学生だったひとり息子も、若者によく懐いた。

そのため若者は幹治さんとその家族に、非常に恩義を感じていたらしい。

やがて彼は近くに安いアパートを借りて、別々に暮らすようになったが、深夜からシフトが入っている際に、早めに来て夕方の書き入れ時の助太刀をしてくれることが度々あった。

そういうときは、店が空《す》いてくると二階に行って、本来の出勤時間になるまでソファで仮眠を取っていた。

そんな若者が、深夜一一時から店番をすることになっていた晩のことだ。


夜の一〇時頃、通行人が店に走り込んできて、「さっき三階の窓から男が入ったで!」と幹治さんに言うと、すぐまた飛び出していった。

幹治さんは慌てて階段を駆けあがり、二階で仮眠していた若者を起こして建物を外から見張らせ、自分は三階の部屋の鍵を開けて飛びこんだ。

すると、幹治さんより縦も横もひと回り大きな黒い塊《かたまり》が体当たりしてきて、倒れた幹治さんを乱暴に踏んづけて逃げていった。彼の悲鳴を聞いて、妻と息子が駆け寄ってきた。

「強盗に入られへんかったか？　怪しい奴を見てへんか？」

二人は顔を見合わせて、誰も見ていないし変わったことは起きていないと言った。

そこで幹治さんが室内を調べてみたところ、窓はどれも閉まっていて、窓から人が入った形跡も見当たらなかった。さらに奇妙なことに、一階の店に残してきた店員は、「誰も下りてこぉへんかった」と言い張った。では二階に隠れたのか、と思ったが、二階にも誰もいなかった。

一階の店で居合わせた客まで混ざって、ああでもないこうでもないと大騒ぎしているところへ、さっき外へ見張りに出した若者が現れた。

「どないしはったんでっか？　何かおましたか？」

――なんと、彼は今、出勤してきたのだと言うのだった。

一階にいた人々も、二階からこの若者が下りてきたところを見ていないと証言した。

侵入者がいたことは確かなので、幹治さんは警察を呼んで一階から三階まで検《あらた》めてもらったが、幹治さんの身体に残る、踏まれたときの痣《あざ》以外には、おかしな点は一つもなかった。

いちばん最初に店に飛びこんで知らせてくれた通行人も、とうとう見つからなかった。

そんな珍事から七日目、家族三人で朝飯を食べているときに、幹治さんの息子が、前の晩に見た夢の話をした。

「おにいが窓から飛びこんで、おとんとぶつかりよった。したら、おとんがすごい悲鳴をあげたさかい、目が覚めてん」

幹治さんと妻は、「このあいだの騒ぎが忘れられへんねんなぁ」と笑い合ったが、この直後に病院から電話が掛かってきて、件《くだん》の若者が死んだことを知らされた。

住んでいたアパートの階段から落ちて、発見されたときにはもう息絶えていたらしいという。

霊安室の待合

病気で入院していた伊藤真也《いとうしんや》さんは、相部屋だった同世代の青年と、たまたま同じ日に退院することになった。二人の共通点は《怪談好き》で、入院中は散々、怖い話を披露し合ったが、肝心の病院の怪談はどちらもネタに乏しかった。

「病院といえば霊安室だけど、テレビドラマで見たことがあるだけだ」

「俺も実物は見たことないなぁ。この機会に、どうだろう？　退院記念と洒落《しゃれ》こむのは？」

——意気投合し、連れ立って霊安室に行ってみることになった。

退院当日は、入院費を精算する時刻が二人とも午前一〇時半と定まっていた。そこで、八時半に朝食の空容器が回収されると、パジャマ姿のまま、すぐに出発した。

霊安室は、一般的に病院の地下に設けられている。入院していた三階からエレベーターに乗り、真也さんが地階のボタンを押すと、乗り合わせた担当看護師に軽く睨まれた。

「ちょっと！　どこに行くの？」

「別に……。ただの散歩ですよ。看護師さんは、何階ですか？」

「大丈夫、伊藤さんが押してくれたところだから。従業員用の出入り口は地下なのよ」

従業員用の出入口は看護師用の更衣室と繋がっており、エレベーターの昇降口の近くにあった。看護師は別れる間際に、「昨日からこっち、運びこまれた人はいないわよ」と真也さんたちに言った。

「誰も亡くなってないんだって。引き返す？」

連れに問われて、真也さんは頭《こうべ》を振った。

「ここまで来たんだから、とりあえず行ってみよう」

スリッパをパタパタと鳴らして先へ進むと、廊下の突き当りがL字型に曲がっている。

「あの角を入ったところだな……」

曲がった先が見えないので少々怖く思いながら行ってみると、背もたれつきの三、四人掛けの長椅子が四脚、二脚ずつ左右の壁に寄せて置かれており、奥に両開きの扉が閉まっていて、その上に《霊安室》のパネルが取り付けられていた。

L字型に曲がった廊下の「L」の短い辺が、そっくりそのまま霊安室の待合になっているのだった。しかし今は、天井の照明も扉のところのパネルも消灯されていた。後ろの廊下の明かりが角になった壁に半ば遮られているため、長椅子に挟まれた通路は奥へ行くほど闇に沈んでいる。

陰気な景色で、実に、怪談っぽくていい感じだ。さらに怖い雰囲気を醸《かも》すため、真也さんはこんなことを言ってみた。

「この状況で、もしも霊安室のドアがガチャガチャいったら怖いよねぇ」

言い終えた途端、待合の長椅子がひとりでに動いた。

ギギギギギギッと、長椅子の脚が床を擦る音が響く。

「げっ!」

「怖《こ》えぇ!」

二人は泡を喰って逃げようとした。ところが角を曲がろうとすると、前方の空気がゼリーのように粘っこい密度を生じさせていて、思うように前に進めない。

ようやくL字の廊下の長い辺に出られたと思ったら、今度は、突然、何者かが後ろからのしかかってきた。押し潰されそうな重量感。

前方に、エレベーターや従業員用の出入口が見えるのだが、望遠レンズを逆から覗いているかのように、不自然に遠く感じる。しかし、死に物狂いでもがくうちに、どうにかエレベーターに近づいた。

目一杯に腕を伸ばし、上昇ボタンを押した。ドアが開くのを待つのももどかしくエレベーターの箱に飛び込んだ。

三階に着くまでは、生きた心地がしなかった。

病室に戻り、時刻を見たら、もう午前一〇時に近かかった。

――真也さんは、あのときの自分たちのことを思い浮かべるたびに、スローモーションのパントマイムをイメージするそうだ。

エレベーターに辿りつく直前、何者かが後ろで喚《わめ》いていたが、その声も間延びして、何を言っているかわからなかったという。

なんでわかった？

田畑秋人《たはたあきと》さんは一八歳のとき、長野県の実家を出て、進学した大学のある京都府で独り暮らしを始めたが、三ヶ月も経たず、酒浸《びた》りの日々を送るようになってしまった。

講義は難解で、大学に行くと劣等感にさいなまれるので、下宿しているアパートに引きこもり、外出するのは近所の酒屋に行くときだけ。当然、友だちも出来ない。

春、田舎では家族総出で、彼の出立を見送ってくれたのだった。彼は長男で、小中高と成績優秀だった。みんなの期待を背負っているという自覚がある。こんなだらしないことになっているなんて、田舎にはとても知らせられない……。

盆暮の帰省時には必死で誤魔化《ごまか》したが、二年の前期が終わる頃には、もう次の学年に進級できそうにないことが明らかになってきた。

そこでますます酒に逃げた。朝から晩まで酔っている。もう風呂にも滅多に入らず、廃人寸前、いや、すでに……という危機的状況になった。

このままだとアルコール中毒で死んでしまう。思い切って実家に電話をかけてみようか。日中なら電話口に出るのは母だろう。

彼はためらって、ためらって、ためらった。電話を手にして三〇分も迷っては酒瓶に手を伸ばして、振り出しに戻る。そんなことを何度も繰り返した挙句、己の情けなさに涙しながら酔いつぶれて眠ってしまった。まる二日も布団に横たわって過ごし、いよいよ死にそうだと思ったが、酒が尽きると酒屋に行くために仕方なく起きた。

外は明るかった。アパートのポストにチラシが溜まっていた。チラシに引きこもりを糾弾されているように感じ、苛立《いらだ》ちながらポストの中身を掻き出していたら、分厚い封筒があるのに気がついた。送り主を確かめた途端、立っていられないほどの震えに襲われた。

母が送ってきたものだった。這うように部屋に引き返し、玄関で封筒を開けると、重ねて畳まれた便箋《びんせん》が何枚も飛び出して、床に散らばった。

むさぼるように手紙を読んだ。

冒頭で「元気でやっていますか？」と問いかけた後、母は突然筆を執《と》った理由として、夢枕に秋人さんが立ったためだと述べていた。母の夢の中で、彼は「もう大学に行けない」と訴えながら子どものように泣いたのだという。それが秋人さんが電話をかけようとしてかけられなかったあの日の夜のことだとわかると、そこから先には家族の近況報告が書かれているようだったが、涙で霞《かす》んで読み進むことができなくなった。

彼は迷わず電話をかけた。電話口に出た母に、「なんでわかった?」と尋ねた。

母は「親子だから」と答えた。三〇年ほど前の出来事である。

既視感

長野県に光前寺《こうぜんじ》という寺院がある。見事な枝垂桜《しだれざくら》の庭園や、珍しい光苔《ひかりごけ》、子ども向けの絵本やテレビアニメにもなった怪物退治をした霊犬《早太郎》の伝説で知られる名《めい》刹《さつ》だ。

田畑秋人さんは四〇を過ぎてからのここ数年、全国の神社仏閣巡りを休暇ごとの楽しみとしている。しかし燈台下暗しとはよく言ったもので、あるとき、自宅から近い光前寺はまだ訪れていないことにはたと気づいた。

さっそく行って、境内を見て回った。霊犬伝承が有名なのだが、秋人さんは、この寺の石仏たちに一目で惹かれた。山門の受付で配っている境内観光用の冊子によれば、光前寺の石仏はすべて江戸時代の名工・守屋貞治《もりやさだじ》によるものだという。

貞治仏は、精緻《せいち》な様式美を備えつつ味わいのある顔立ちが特徴で、どの仏像も個性豊かで面白みがある。石仏を辿って歩くうちに、ふいに仄暗《ほのぐら》い空間に出た。寺の敷地と天然の山林との境目、鬱蒼《うっそう》とした樹木に三方を取り囲まれている中に、石仏がランダムに点在している。

冊子の地図で場所を確認すると、ここは《賽《さい》の河原》なのだった。なるほどよく見れば石積みが無数にあり、幼児の玩具などもあちらこちらに供えられていた。石仏の数も多かったが、ひときわ大きな石仏が中央にあり、あれが守屋貞治作の《親仏》なのだそうだ。

あらためて《親仏》を観察して、秋人さんは不思議な感覚に捉えられた。どうも見憶えがあるのだ。等身大の座像で、文化年間に造られたそうだが、風雪によって自然に摩耗した目鼻立ちや丸みを帯びた全体のフォルムを、どこかで見て知っていると確信した。それだけでなく、あらためて辺りを見渡せば、この《賽の河原》の景色全体、どこかで見たような感じがする。林立する石仏の隙間を縫って、《親仏》の後ろ側に回り込んでから振り返ってみて、アッと驚いた。

記憶にあるのは、この景色だ！

　そのしばらく前から母が重病で入院していた。命が助からないことはもうわかっていて、いつ亡くなってもおかしくない。家族総出で病床を見舞い、秋人さんも母の延命を祈ったが、死出の旅立ちを見送る覚悟をしないわけにはいけない。そんな時期だった。

　夜、床に入っても母の病状が気がかりでならなかった。憂鬱な気分のまま眠りに就くと、こんな夢を見た。

　――四、五歳くらいの幼い子どもの手をひいて、秋祭りの縁日に来ている。子どもは男の子で、「お兄ちゃん、お兄ちゃん」としきりに秋人さんを呼び、たいへん慕ってくるようすだ。屋台で綿飴と水風船を買ってやり、しばらく人混みの中をそぞろ歩いた。しばらく行くと、その子がパッと秋人さんの手を振りほどいて駆けだした。

「遠くへ行っちゃダメだよ！」

　そう声をかけると、こっちに向き直って、「あっかんべぇ」と、ふざけて見せて、また駆けていく。

　追い駆けっこをしていたら、いつのまにか深い森の中にさまよいこんでいた。

　少し怖くなってきて、「さあ、もう家に帰ろう」と声を掛かけると、男の子は、「僕のおうちはこっちだよ」と言って灌木《かんぼく》の繁みへ潜りこんでしまった。

姿を見失ったので慌てて繁みの裏へ回ってみると、サッと視界が開けたが、男の子の姿はなく、そこは水子供養の石仏がいくつもある《賽の河原》なのだった――。

夢で見たのは、光前寺の《賽の河原》を、後ろ側から眺めた景色に違いなかった。

これがいわゆる既視感《デジャブ》というものかと感じ入りながら、母が亡くなりそうなこのタイミングで、今まで来たことがない光前寺を訪れようと思いついたのは、何か超自然的な力に導かれたような気がしてきた。

秋人さんが五歳の頃、母が妊娠して、胎児の性別もわかるほど月数が経ってから死産したそうだ。

ずっと後になって、あのとき無事に生まれていればおまえには弟がいたはずだと母から聞かされたが、秋人さん自身はその当時のことは全然憶えていなかったため現実感が乏しく、なんの感情も湧かなかった。

だからすっかり忘れていたが、ひょっとすると夢に出てきた男の子は、生まれる前に死んでしまった弟なのではないか。

夢で男の子が、光前寺の《賽の河原》を「僕のおうち」と言ったのも、偶然ではないのかもしれない。何しろ光前寺は家から近い。聞いたことはないけれど、母は、ここで水子供養をしたのでは？

秋人さんは、そのことを訊いてみたいと思ったが、二、三日前から母は昏睡状態で確かめようがなかった。そして意識を取り戻すことなく、明くる日に永眠してしまった。

ガラス障子

三年ぐらい前のことだ。松崎歩美《まつざきあゆみ》さんには、五つ年下の恋人がいた。

彼は三〇歳の若さで都内一等地にレストランを開いたオーナー・シェフで、セクシーでハンサムでもあった。才覚を伴った華があり、その一方で、女にだらしなく、浮気相手からまた別の浮気相手へと乗り換えていく結果、切れ目なく恋人がいる、そういう男だった。

歩美さん自身、彼を英子《えいこ》という女から略奪していた。彼がほとんど異常なまでに女にモテることも、ひどい浮気性であることも、承知のうえでの交際である。

彼は、意外にも、繁華街の外れにあるボロっちいアパートに住んでいた。こんなところに住む理由は、酔狂な趣味なのか、それとも女に散財してしまうからなのか。間取りは1Kで、八畳の和室と板敷きのダイニングキッチンに、トイレと浴室が付いているだけの学生が住むような部屋で、昭和の遺物という雰囲気だった。

彼は女と寝るときは、和室とダイニングキッチンの間のガラス障子《しょうじ》を必ず閉ざした。

ガラス障子とは、紙の代わりにガラスが嵌っている障子ふうの引き戸のことだ。昔はよく見かけたが、最近ではだんだん少なくなってきたかもしれない。ガラス障子のガラスは、一般に、磨りガラスや凹凸《おうとつ》ガラス（型ガラスとも呼ばれ、浴室に用いられることが多い）になっているが、歩美さんの彼氏の部屋のガラス障子も、凹凸ガラスだったそうだ。

歩美さんは、毎週金曜日の夜にここに泊まっていた。彼は、自分の女をレストランの最後の客にして、たらふく食わせてから持ち帰ることを好んだ。それもなぜか金曜の深夜に。片付けや何かを、彼は決して女に手伝わせなかった。歩美さんは、黙々と働く彼の姿をさりげなく目で追いながら内なる欲情の高まりを感じた。女に見つめられていることを自覚している男が示す含羞《がんしゅう》が何よりのご馳走だったのだ。

店を閉めるのは二四時だったから、店じまいして帰宅するのは午前三時頃になった。

眠るときはいつも、彼が左、歩美さんが右という並び方で、一つの布団を分け合った。彼の方に背中を向けて、右半身を下にして寝そべると、自然とガラス障子が目に入った。

一一月のとある金曜、歩美さんは深夜三時頃、件《くだん》の男と腕を組んで、彼のアパートに向かっていた。アパートは大通りの角を曲がった路地にある。

いつもの曲がり角に、タクシーがドアを開いたまま停車していた。アパートに行くには、そのすぐ横を通らなければならない。タクシーがすぐにドアを閉めるものと歩美さんは予想した。誰か客を降ろしたばかりなのだろう、と。だが、なかなかドアを閉める気配がない。

やがて車内が見えるほど二人は車体に接近した。タクシーはドアを開けたまま停車していて、歩美さんの見た印象では運転手しか乗っておらず、空車のようだった。

もっとも、つぶさに観察したわけではなかった。歩美さんは、そのタクシーが停まっている辺りが漠然と怖いような気がして、後部座席が虚《うつ》ろなことを確認すると、すぐに目を逸《そ》らしてしまったのだ。

彼が「変だな」と小さく呟いた。歩美さんは胸中でうなずいた。空車なのに、長々とドアを開けているのはおかしい。

ちょうどそのとき、二人はタクシーの真横に差し掛かっていた。開いているのは後部座席のドアである——と、いきなりドアを閉めて、タクシーが発車した。

「今の見た?」と彼に訊かれた。見れば、彼は怯えた表情で、タクシーが去っていった大通りの方に視線を向けていた。少し、驚きすぎなのではないか。

怪訝《けげん》に思った歩美さんは、「タクシーのこと?」と訊き返した。

すると彼は、いっそう蒼白になり、

「後部座席に、金髪のおかっぱ頭で着物を着た女が乗っていただろう?」

と、歩美さんに言うと、返事を待たずこう続けた。

「ドアが閉まる直前、女が運転席の方に身を乗り出したかと思ったら、スーッと沈みこむように消えていった」

歩美さんは、「ごめん。私、よく見てなかった」と応えた。

彼の浮気相手が待ち伏せしていた可能性がある。知っている女だからこその怯えよう、なのではないか。金髪のおかっぱ頭は、変装するためのカツラだろうか。

——可愛い男。消えていっただなんて、怪談話にしてごまかそうとしちゃって。

どこかの女が彼を奪おうとしていると考えると、歩美さんの恋心はますます燃えた。

怪しげなタクシーの一件から一週間が経ち、また金曜の夜が来た。

深夜というより明け方近くなって、急に彼が歩美さんを揺り起こした。

「今、ガラス障子の向こうを、人影が通り過ぎた」

歩美さんは内心、「またか」と舌打ちした。先週に引き続き、彼のオカルトごっこに付き合わされるのか……。

一応、凸凹ガラスを透かして見たが、ダイニングキッチンは暗くて何も見えはしない。

歩美さんは、嘘つきな彼が言うことよりも、暗闇の方が怖かった。子どもの頃から真っ暗なのが苦手で、ここでも豆球を点けたまま寝ていた。紐《ひも》を引いて豆球から蛍光管に切り替えると、昭和風味の白茶けた光が寝乱れた布団を照らした。ガラス障子を開けたら「ヒッ」と彼が短い悲鳴をあげたので、思わず振り向きざまに笑ってしまった。

「大丈夫だよ。ほら、なんにもいないじゃない。あなた、寝ぼけたんだよ」

「絶対に見た！　女が、見つかったことに感づいて逃げていったんだ」

「ふうん。女の人？　誰？」

「知らないよ！」

彼は夢を見たのだろうと歩美さんは思い、嫉妬した。英子だろうか？　別の女だろうか？

明かりを再び豆球に戻して布団に倒れ込み、「怖がらせないでよ」と抱きついた。

その翌週の金曜日も、歩美さんはまた彼の部屋で寝た。

何事もなく土曜の朝になったので、「何もなかったね」と話しかけたら、「嘘でしょう！」と、彼が目を丸くしている。

「嘘って何が？」

「昨夜、ガラス障子がガタガタ長い時間激しく揺れてたから、君を起こしたじゃないか」

「……憶えてない。本当？」

「本当だよ！　そしたら君は、無言のまま起きあがって、ガラス障子を見たんだよ」

「明かりは？　その前に電気を点けたのよね？」

「いや、点けなかったよ？　そこの豆球の明かりだけでガラス障子をしげしげと観察して、ガラスが一枚ずれてるって言ったと思ったら、また無言で寝てしまったんだよ！」

歩美さんには、そんなことをした記憶がなかった。本当に起きたのだとしたら、電気を点けないわけがない。

なぜ、つまらない嘘を言うのか、と思った。彼という男が解《げ》せない。
言葉を探しあぐねて沈黙が下りた。ちょうどそのとき、ガラス障子が細かく振動して、
カタカタと鳴りはじめた。

女の手

松崎歩美さんと五歳下の恋人の話。

ある朝、彼のアパートのガラス障子が、触りもしないのにカタカタと振動して鳴りはじめた。咄嗟《とっさ》に、アパートのそばで道路工事が始まったか、大型トラックが通ったのか、と、歩美さんは合理的な想像をしたが、彼は顔を引き攣《つ》らせてガラス障子に目を据えた。

「こんな朝から、出るんだ」

「出るって、幽霊が？　きっと近くで工事でもやってるんでしょう」

「やってないよ！　だって重機の音がしないだろう？」

彼に言われて、歩美さんは耳を澄ました。たしかにそういった音は聞こえなかったが、ガラス障子の揺れはもう止まっていた。

そういえば、この部屋のガラス障子はよくカタカタ言っているような気がするが。

「気のせいだよ」

「でも、ガラスが一枚だけズレてるのは本当だから、見てみなよ」

歩美さんは彼が指差そうとするのを遮《さえぎ》って、「もう、いいから」と言った。

師走に入っても、彼と歩美さんの関係に大きな変化は訪れなかった。毎週金曜の逢瀬は、まだ歩美さんだけの特権で、彼の店は書き入れ時だったが、金曜の夜は、彼女の席が必ず確保されていた。

第一週目の金曜深夜、歩美さんは彼の部屋で悪夢にうなされた。

――自分の左隣に、不機嫌そうな背中を向けて彼が寝ている。歓心を買おうとして、後ろから彼にかじりつき、手を握ろうとした。ところが、指先が探り当てた手のようすが彼の手とは違う。骨が細くて、肉質が柔らかい。滑らかな皮膚。女だ！　これは、女の手だ――

悲鳴をあげた途端、夢から醒めた。

すると、ちょうど彼も目覚めたところだったが、いきなり半身を起こして怯えた顔をガラス障子の方に向けた。

「どうしたの？」

「また、通ったんだ。ガラス障子の向こうを……長い髪の女だっ……」

言い終わらないうちに彼はくしゃみをして、「ヤダもう」と、半笑いでボヤいた。

「猫アレルギーの発作だ。ああ、止まらない」

と、盛んにくしゃみをする。歩美さんは、彼が猫アレルギーで、猫の毛が近くの空中を漂っているだけでもくしゃみが出る体質だということは知っていた。

歩美さんは厭な予感がした。猫と言えば、英子だ。あの女は猫を飼っていた。

——英子から彼を奪ったことは、うしろめたくなんか、ない。

「そう言えば、歩美と付き合う前に、毎週金曜に会っていた英子は、猫を飼っていたっけ。英子が猫の毛をつけてうちに来るもんだから、あの頃はくしゃみが大変だった」

彼は歩美さんの考えを見透かしたように、無神経に想い出を語った。

——英子の生霊が猫の毛を運んできたと言いたいんだろうけど、その手には乗らない。

次の金曜日、歩美さんと彼は寝る前に口喧嘩《げんか》をした。そのせいで彼は歩美さんを抱こうとせず、布団に横になるや否や壁を向いて拗《す》ねはじめた。しかし、しばらくするとモゾモゾと身じろぎをして、歩美さんに背中を向けたまま、「いいよ」と言った。

仲直りのチャンスかしら。歩美さんは嬉しくなり、いそいそと、「いいよって、何が？」と囁《ささや》きながら、後ろから彼の身体にしがみついた。

「手を繋いでもいい？」

歩美さんは布団の中に手を入れて、彼の身体をまさぐろうとしたが、蓑虫《みのむし》のようにタオルケットを巻きつけているため、肌に触れることが叶わなかった。

そこで仕方なく、タオルケット越しに彼の手をつかんだ。

すると間髪を容れず「どうして？」と問われた。

「さっきは直接、僕の脇腹を撫でていたよね？　何かを探すような感じで……。だから僕は、君はもしかすると手を繋ぎたいのかなと思って、『いいよ』と言ってあげたんだ。すると君は、なぜかサッと手を引っ込めた。そしてこんどはタオルケット越しに手をつかむ。君って、ときどき、わけがわからないことをするよね」

歩美さんはゾッとして、「わけがわからないのは、あなたの方だよ」と言った。

「私は、あなたに触ってない。タオルケットに邪魔されて、触れないのよ！」

歩美さんは、先週の夢を思い出していた。

背中を向けて寝ている彼に抱きつこうとしたら、女の手をつかんでしまった怖い夢。

あの夢について彼に話したことはない。

彼が嘘をついていないとしたら、夢と同じシチュエーションが再現されたことになる。

気のせいでは済ませられなくなった。

夢の話をすると、彼は歩美さん以上に怖がった。そのようすを見て、英子のせいだろうか、と歩美さんは悔しく思ったが、このまま放置しておけばさらに恐ろしいことが起こりそうな予感があった。

――何かを変えねばならない。

二人は話し合い、こんどの金曜日には、部屋の模様替えと大掃除をすることにした。

その日、模様替えの最中に、彼は歩美さんに小物入れを見せた。

「それ、見たことなかったわ。そういうの、持ってたんだね」

「うん。英子が落としていったヘアピンを入れてたんだ。捨てるから、見ててね」

歩美さんは、この刹那《せつな》、失望と希望を同時に味わった。この男は、まだ私に隠し事をしていたのか。英子のヘアピンをひそかに持っていたとは呆れた。

——でも、捨てる決意をしたんだな。このあいだのことが、そんなにも恐ろしかったのか。

彼が、前の女のヘアピンを全部、ゴミ袋に入れるのを歩美さんは平静を装って見守った。

ところが、その後、お茶でも淹《い》れてひと息つこうと思った歩美さんがダイニングキッチンへ行くと、床の真ん中にヘアピンが一本落ちていた。「まだ一本残ってたわ」と、拾い上げて彼に突きつけたのは、嫌みではあっても、軽い気持ちからだった。

しかし彼は恐慌をきたした。

「やめろ！　出てくるわけないじゃないか！　君も見てただろう？　僕は全部ゴミ袋に入れた！　そこの床は君が今、掃除機を掛けた！　そうだよね？」

大声でわめきながら歩美さんからヘアピンを奪い取ると、あらためてゴミ袋のゴミの中に荒々しく突っ込んだ。

この夜、彼はなぜか歩美さんをアパートの部屋に残して出掛けてしまった。家具の配置を変え、隅から隅まで磨きあげた部屋はよそよそしく、落ち着かない気持ちのまま、早めに布団に入った。

ダイニングキッチンの隅に、英子のヘアピンが埋もれているゴミ袋がまだ置いてある。ガラス障子の向こう側を、歩美さんは極力、意識しないように努めた。

彼は今晩、英子を訪ねていったのではないか。あのヘアピンのことを考えると、そんな気がしてきて厭になる。このアパートの規則が恨めしかった。自治体が定めた回収日まで、ゴミは各戸で保管する決まりだなんて……。

ガタガタガタ、ガタガタガタガタガタ——。

ガラス障子が激しく振動していた。歩美さんは、また夢を見ているのだと思いたかったが、物理的な騒音に容赦なく叩き起こされた。

ガタガタガタガタガタガタガタガタガタガタガタガタガタガタガタガタ──。

豆球のおぼろげな明かりだけでも、ガラス障子が明らかに揺れているのがわかる。いや、何者かによって前後に揺すぶられていることがわかった。壊れよとばかりに。

他の物は一切、振動していない。静かな夜の底で、これだけが揺れている。

歩美さんは布団を頭から被り、両手で耳を塞いで、夜明けを待った。

振動が弱々しくなり、ついに止んだ。布団から這い出ると、曙光《しょこう》が窓から差していた。根くらべに勝った！　歩美さんは快哉《かいさい》を叫びたい心地で、ガラス障子に向き合った。

前から、ガラスが横にずれて隙間が開いているところが一ヶ所ある。隙間の横に、掌《てのひら》と五本の指の形がペタリと捺《お》されている。滲《にじ》み出た皮脂か、それとも汗の跡だろうか。隙間を作っているガラスは、歩美さんの顔の高さにある一枚だ。歩美さんは小柄な方だし、掌の跡は幅が狭くて小さい。

──ここに手をついて、片目を隙間に押し当て、覗いていた女がいる。

彼が見たという、髪の長い女かもしれない。

暗いダイニングキッチンから私たちの寝姿を覗き見していたのは。

ガラス障子を揺らしていたのは。

歩美さんは、ゴミ袋をアパートのゴミ集積所に置きに行った。英子のヘアピンを捨てたかったのだ。英子が諸悪の根源だったら、これで万事解決するはずだと思った。

実際、その後は彼と別れるまで、ガラス障子が揺れることはなかった。別れたのは、たった二週間後ではあったが。

彼と縁を切って数日経った頃に、変わった夢を見た。

全裸で眠る彼の身体に、沢山の女たちからの恨み言や愛の言葉が、ところ狭しと書きなぐられているのだ。

耳なし芳一のようなありさまが、哀れでもあり滑稽《こっけい》でもあった。乾いた笑いが込み上げて、目が覚めかけたところへ、「あーあー」と不気味な赤ん坊の泣き声が聞こえてきた。

——なぜ赤ん坊が？　私は彼の子を堕《お》ろしたことなどないのに。

誰の子だろう、英子の子か、などと疑心暗鬼になりながら、朝が完全に明けきるまで、夢うつつで金縛りに遭《あ》っていたそうだ。

家守

ヤモリは、壁に張りついているようすが家を守っているかのようであり、また、戸袋や小屋裏など家屋の隙間に棲み、明かりを灯す頃になると這い出てきて害虫を捕食することから「家守」と書くのだと聞いたことがある。

一九八三年頃の出来事。愛媛県出身の高橋剛《たかはしつよし》さんは中一の夏休みに、同級生三人が泊りがけで家に遊びにきたとき、ヤモリを捕まえて徳用マッチ箱の空き箱に閉じ込めた。

そのとき来ていた友だちの一人が、ヤモリはどんなところに閉じ込めても出てきてしまうと言ったので、実験することにしたのである。

マッチ箱にセロテープで目張りして、みんなで風呂に入りに行った。戻ってきて、目張りを剥がしてマッチ箱を開けると、ヤモリは消えていた。

「本当じゃったな！」と、みんなで感心していると、言い出しっぺが急におどおどしだして、「口から出まかせ言うたのに。おとろしいな」と、嘘をついていたことを白状した。

しかしヤモリは本当に消えているわけで、不思議なこともあるものだと思っていたら、網戸にした窓の方で何か物音がした。

見ると、窓一面をびっしりと埋め尽くして、ヤモリが何百匹も張りついていた。

「あんなおとろしかったことも、あなぁによううけのヤモリをいっぺんに見たこともない」と、剛さんたちの間ではあのときのことが今も語り草となっているという。

帯の祟り

アンティークの帯や着物を扱う業者さんの談話。

「うちは買い付けや委託販売もしていて、古い着物や帯を持ち込んでくる人も多いんです。ほとんどが都内や埼玉、千葉、神奈川といった、いわゆる東京圏に住んでいらっしゃる方ですが、たまに、ご実家にあった物を持ってこられる方がいます。

もう五年くらい前になりますが、愛知県の豊橋市か豊川市にお祖父さんの家があるという方が、かなり古いお品物を何点かお持ちになられて、保存状態が良くて今や貴重な戦前の物があったので、全部買い取らせていただいたことがあります。

特に素敵だったのは、染め柄の上に緻密な刺繍《ししゅう》が施されている戦前の名古屋帯。

アンティークの帯は、最近、お着物が好きな若い女性に人気があります。その帯は、たぶん当時は、結婚した奥さんの持ち物だったんじゃないかと思うんですよね。色目や柄行が比較的おとなしかったから。そのせいで、とっても洒落《しゃれ》て見える。

これは良いものを手に入れたと思って、オークション・サイトに出品したら、問い合わせや入札がその日のうちに幾つも来ました。期待以上の高値でお取り引きさせてもらって、買った人もとても喜んで、丁寧なメールを送ってきてくださった。大切に長く使って、次の世代に渡せるようにしたいと思います、と、お書きになってました。

だからこの商売はやめられないんだよなぁと思ったんですけどね。でも、結局は商売ですから、しばらくしたら忘れちゃいました。

ところが、それから何ヶ月か経った二月の初め頃に、そのお客さんが帯を返しに来たんですよ。あら、お金が入り用《いよう》になったのかしら、と、思いまして、売り値で……というわけにはいかないけど、適正なお値段でお引き取りしようとしたら、タダでもいいから貰ってくれ、しかも、もうこれは売らない方がいいなんて言うから、こっちは驚いちゃって。

さてはひどく傷めちゃったかと思うでしょ？　でも、売ったときのまんま、帯は綺麗なんです。だから、「何かあったんですか？」と訊ねたわけです。そうしたら、

——お正月に二回、締めたときは何ともありませんでした。三回目に使ったのは、つ

いこないだ、付き合ってる人の家にお呼ばれしたときだったんですが、食事の間ずっと、彼のお母さんのことが憎たらしくて、殺したくてしょうがなくて、我慢するためにずっと歯を喰いしばっていなくちゃならなくて、大変だったんです。そこにあったたにフォークとナイフで襲い掛かって殺すことで、頭の中がいっぱいで、よく我慢できたなと思います——

なぁんて、おかしなことを言うんですよ！　上品で礼儀正しい美人さんなのに。

——彼のお母さんのことは嫌いじゃなくて、むしろ私の母よりも好きなくらいでした。優しくて気がつく人なのに、サッパリした性格で、恩着せがましくなくて、お洒落でセンスもよくて、うちの母もこうだったらいいのにと思ったことがあるほどです。でも、そのときは理由なんか全然なく、ただもう殺したいなぁって思うばっかりで、危ないところでした。彼が、私の顔色が悪いって言ってくれなかったら、どうなってたか——

ね？　わかります？　帯とは関係ない話でしょう？

危ない人だったんだなと思って、その場で現金を押しつけるみたいにして受け取らせて、帰らせました。怖かったから、その人が行っちゃってから、塩を撒いて。

それからまた、この帯を、こんどはうちのホームページだけに掲載するようにしたんです。オークション・サイトは、クレーマーも多いし、どこの誰が見てるかわからない、もう出品するのやめちゃおうかしらと考えて……ま、結局やめてないんですけどね。いい商売になるから。ホームページは、うちの顧客の人たちと、インターネットで検索して辿りついた人しか見ません。

ホームページに掲載して数日後、帯を売ってくれた人から、突然、電話がありました。帯が売れていないが何か問題があったのかって、訊いてきたんですよ。

私は、どう言ってごまかそうかなぁと考えて、「いったん売れたんですけど、お金がご入用になったようで、返しに来ました」と答えました。まるっきり嘘というわけじゃないでしょ？　でも、その人は勘が鋭かったですね。

——そちらに買っていただいた後で、親戚の年寄りに、その帯は祟られていると教えられたから、気になっていました。本当に何もありませんでしたか？——

と、言いましたもの！　ええっ、じゃあ、あれは祟りだったのか！　だったら、もう嘘つかなくていいやって思って、実はこれこれしかじかで……と、正直に話しました。

すると、愛知県のその人のお祖父さんが生まれた家か大伯父さんの家のどっちかで、昭和の初め頃に、凄い事件があったって言って、話してくれました。

その家は豪農で、何か商売もやって、たいへん裕福だったそうで、長男に嫁を取るにも、家の格が釣り合うように、女学校出のお嬢さんを選んだんですって。ところが、結婚すると、すぐにお嫁さんが逃げ出してしまって、なんと三回も離婚しました。

そこで諦めてしまえばいいのに、四人目のお嫁さんを迎えたんだそうです。

四人目のお嫁さんも、お金持ちのうちのお嬢さんでした。女学校を卒業して家事手伝いをしてた一八、九のおしとやかな人でしたが、この人が、ある日突然、お姑さんを裏山に引っ張っていって殺して、「ババアの生き血を吸ってやった。次は嫁を殺してやる！」と言って大暴れした挙句、留置場で首を吊って自殺してしまったそうなんです。

そして、問題の帯は、その家に仕舞われていたということで、

——事件があったことは初耳で、私には、本当かどうか確かめようがありません。帯については、殺されたお姑さんが、お嫁さん用に職人に作らせた帯があって、この家の娘に使わせるぶんには構わないが、嫁に見せてはいけないと伝えられていたという話です。私の父や父の兄弟は誰も、そんな言い伝えは聞いたことがないと言ってましたが、あなたのお話を聞いたら、言い伝えは本当かもしれないと思いました——

と、おっしゃったんですよ。

たしかに、名古屋帯というのは、大正時代に発明されたものだから、昭和の初め頃だったら、最先端の流行のお品物だったかもしれなくて、女学校を卒業した若いお嫁さんを喜ばすために、田舎の金持ちが職人に作らせるというのは、筋が通っているような……。

でも、何の証拠もありません。

塩を撒いたりして申し訳なかったなと反省はしてますけどね。ええ、あの買ってくれたお嬢さんのことです。もしかしたら帯の祟りだったのかもしれないわけでしょう？　怪談じみたお話だから、川奈さんに教えようと思ったんですよ。

その帯ですか？　すぐに売っちゃいましたよ。こんどは年輩の女性がお買い上げになりましたから、当分の間は、悪さをしないと思います」

以上、二年以上も前に取材したが、伝聞に終始しているため、放っておいた話である。

しかし、つい最近、別件で『少年犯罪データベース』を調べていたら、一九三二年に、愛知県宝飯郡（当時。現在の豊川市、蒲郡市、豊橋市のいずれか）で、裕福な農家の嫁が姑を殺した後、「婆の生き血は吸ってやったがまだまだいけぬぞ、今度は嫁のみきを殺してやるのだ」と言って自殺した事件の記録を見つけたので、書くことにした。

白い霧

バブル景気は一九八六年一二月から一九九一、二年頃までに起こった好景気と、その頃の社会現象を指す。地価・株価をはじめとした資産価値全般が急上昇した時期だが、資産を持たない庶民に与えた文化的な影響も大きい。自家用車を持つことが学生や二〇代の若い人々の間でも当たり前になり、彼らの行動半径が広がったことで、それまで日本では一般的でなかったモータースポーツ観戦や、裕福な中高年男性の趣味とされていたゴルフが、女性を含めた若者にファン層を拡大したのはこの時期だ。

モータースポーツ・ブームは一九八〇年代後半から一九九〇年代前半に起きこったとされる。

その真っ只中《ただなか》の一九八八年一一月四日、金曜日。当時二一歳の会社員――あの頃らしい呼び方をするならば「丸の内のＯＬ」――だった佐々木明美《ささきあけみ》さんは、恋人と静岡県内をドライブすることになっていた。

明美さんは東京から東海道新幹線に乗ってJR三島《みしま》駅で下車し、三島市に住む恋人の村田伸一《むらたしんいち》さんと待ち合わせした。二人は遠距離恋愛中。明美さんは、友だちとゴルフや温泉を楽しむため同県伊豆市の修善寺《しゅぜんじ》を訪れた折に、そこのゴルフ場で働いている伸一さんと知り合った。

二人の共通の趣味は、ドライブとカーレース観戦だ。国際F3000選手権が規定するフォーミュラカー（オープンホイール）を使用した四輪レース「全日本F3000選手権」は、前年開催が始まったばかりで、テレビに頻繁に取り上げられ、若者たちの間でも話題沸騰中だった。明美さんたちも、その春から夏にかけては、「全日本F3000選手権」を観るために、鈴鹿《すずか》サーキットや西日本サーキット、そして、今日の最終目的地である富士スピードウェイに、伸一さんが運転する日産フェアレディZ‐S130で駆けつけた。

しかし、今回はレース観戦が目的ではなく、富士スピードウェイで調整中の有名選手チームを見物する予定だった。情報通の伸一さんが、明美さんを誘ったのだ。

朝のうちに明美さんはＪＲ三島駅に到着し、午前中は伸一さんと御殿場《ごてんば》市の「フェラーリ美術館」を見学し、紅葉の森を眺めながらドライブした。

一一月四日の静岡県は見事な秋晴れで、雲ひとつない青空が広がり、一〇日前からの晴天つづきで空気は乾いていた。

伸一さんは地元である静岡県の地理に詳しく、車の運転が得意だ。御殿場市から国道138号線（現・御殿場バイパス）を直進するこのルートも数えきれないくらい通ったことがあり、駿東郡《すんとうぐん》小山町《おやまちょう》の富士スピードウェイまでは二〇分以内で到着する……はずだった。

国道に入って一〇分ほど経った頃、明美さんは辺りに霧《きり》が漂いはじめたことに気づいた。

富士山の麓《ふもと》であるこの界隈は標高が高く、平野部に比べると雨が降りやすくて湿度が高いことから、霧が発生することも多いと言われている。

けれども、ほんの一、二分前まで明美さんたちは車の窓を開けて、カラッと乾いた爽やかな風を楽しんでいたのだ。絶好のドライブ日和。高く澄み切った秋空の下、前方にも後方にも、明美さんたちと似たような今時ふうのカップルを乗せたスポーツカーが走っていた。

霧は、次第に濃く垂れこめてきた。景色が白い靄《もや》に覆われていく。

他の車がまったく見えなくなってしまった。霧のせいなのだろうか？

伸一さんも不安を感じたようで、急にカーステレオの音楽を止めて、運転に集中しはじめた。その真剣な横顔を見て、明美さんはこの状況が恐ろしくなった。

迷うはずのない真っ直ぐな一本道を、道に詳しい伸一さんが運転する車で走っていたのだ。彼に任せておけば安心だと思っていたのに。

白い霧は少しずつ密度を増していく。伸一さんは車のヘッドライトを点けた。

前方には、やはり一台の車も走っていないようだった。ヘッドライトの光が何も照らし出さずに、底なしの白い世界に虚《むな》しく吸いこまれていくのを見て、明美さんはポカンと口を開けてしまった。

凄まじく張りつめた空気が車内に満ちて、言葉を発することができない。

ダッシュボードの時計を見て、彼女はさらに驚いた。

御殿場市を出てから一時間近く経過していたのだ。

地図を確かめると道のりは九キロ弱。とっくに富士スピードウェイに到着していなければおかしい。

しかし、走れども走れども、濃密な霧ばかり。

明美さんは、いったん閉めていた助手席の窓を再び開けてみた。目を凝らすと、霧の奥にうっすらと四角い石の連なりが見えた。

——あれは墓石の列？　墓地？

彼にも何か見えたようで、訝《いぶか》しげな顔になった。

「ちょっと中で待ってて」

と、明美さんに言って車を停めると、ライターと煙草を持って外に出た。

明美さんは不安な気持ちで車の中から彼を見守った。彼は落ち着いたようすで何歩か車から離れて立ち止まった。霧のせいで、ほんのこれだけでもう明美さんからは彼のシルエットしか見えなくなった。カチリとライターの着火音が鳴り、オレンジ色の小さな炎が白い霧を透かして輝いた——と思った直後、一瞬にして霧がすべて掻き消えて、広々とした墓地の風景が出現した。

そこは大規模な霊園だった。

どうやら墓地の中を、ぐるぐると車で走りまわっていたようだ。霊園の出口に《財団

法人　冨士霊園》と刻まれた石碑が建っていた。

そこからは、たった数分で富士スピードウェイに到着した。広々とした駐車場に車を停めて、辺りを見まわした。

スポーツカーが何十台も停まった駐車場の上に、真っ青な空。

開放感が溢《あふ》れる景色を眺めて、明美さんは安心感に包まれた。

「よかった。こっちの世界に戻って来られて……」

「あんなふうに、化かされているかもしれないときは、煙草に火を点けるといいって聞いたことがあったからやってみたけど、本当だったな」

それを聞いて、もしも彼がそういうことを知らなかったら、今でもまだ霧の中をさまよっていたのかと思い、背筋が凍った、と明美さんは言う。

飼い犬

小学校六年生の頃まで、草野真琴《くさのまこと》さんの家では雄の柴犬を飼っていた。真琴さんが小学校に入学した年に飼いはじめた犬だから、その頃は六歳。犬の寿命は二〇年に満たないから、人間なら四、五〇代のおじさんということになるだろうか。

柴犬の名前はコロで、父と兄は呼び捨てにし、真琴さんと母は「ちゃん」づけして呼んでいた。兄と一〇歳も歳が離れている真琴さんにとって、コロは家族のなかで唯一の遊び相手で、小一や小二の頃は「コロちゃんと結婚する」と半ば本気で言っていたものだったそうだ。

しかし、小六になって隣町の進学塾に通いだすと、コロと遊ぶ時間がほとんどなくなってしまった。

自分も寂しいが、コロもつまらない思いをしているだろうと思うと、コロに対して申し訳なさも感じた。もともと、ドッグランのある公園まで遠出してまでコロの気が済むまでボール投げなどをして遊んでやっていたのは、家では真琴さんだけだった。たまに散歩に連れていくときのコロのはしゃぎようで、日頃は退屈していることが察せられた。

ある土曜日、その日は塾が休みだったので、久しぶりに真琴さんがコロを散歩に連れていくことになった。真琴さんの家はペットの飼育が許可されているマンションの一〇階にある。コロを連れてエレベーターに乗りこむと、真琴さんはスマホを取り出した。

スマホは、進学塾に行くようになってから買ってもらった。短い動画をSNSの草野家のアカウントに投稿するのが、真琴さんの近頃の趣味だ。家族も真琴さんの投稿を楽しみにしているし、学校や進学塾の友だちのうちスマホを持っている数人も見てくれているので、一種のやりがいを感じていた。

一階のボタンを押して、コロにスマホを向けて動画を撮りはじめると、真琴さんはすぐに異変に気づいた。画面の中のゴロの顔が、なんだか人間みたいなのだ。スマホから目を外してコロ本体を見ると、いつもどおり、柴犬以外の何物でもない。

ところが、スマホの画面では、凄いスピードで人間のように変貌してきている。

九階、八階、七階……六階を通過するときには、犬より類人猿に似てきた。中腰の姿勢で、毛深く、鼻先がやや突き出していた。

四階で、顔見知りのおばさんがエレベーターに乗ってきた。真琴さんはコロの変身に気づかれたらどうしようと焦ったが、おばさんは特別に何か感じたようすもなく、和やかに挨拶を交わしただけで済んだ。

その間も、画面の中のコロの人間化は止まらず、一階に到着したときには、すっかり人間の男性になっていた。

コロだった男は、四つん這《ば》いで歩いてエレベーターを降りた。コロが先に立って歩きはじめると、毛深い局部が丸見えになり、真琴さんは狼狽してスマホで撮るのを止めた。

肉眼で見るコロは可愛い柴犬だが、スマホに写ったコロは小太りの中年男性だった。人になった姿を知ってしまったら、犬の恰好のコロに対して、今まで感じたことのない嫌悪感が湧いてきた。たぶん股間を見てしまったことが原因だ。それにまた、コロが人間の男性としては少しもハンサムではなかったことにも、真琴さんは衝撃を受けていた。

それでも、尻尾を盛んに振って喜んでいるので、ドッグランに連れていって遊んでやり、たっぷりと散歩もさせて、空に茜色が滲むまで一緒に外で過ごした。

そして再びマンションのエレベーターに乗り込んだ。一〇階のボタンを押して、コロの方を振り返ると、犬特有の笑顔——舌を出して瞳をキラキラと輝かせた、例のあの表情だ。と言っても、犬を飼ったことがない人には理解しがたいかもしれないが——を向けてきた。

人になっても笑っているのだろうか、と思いついたら我慢できなくなって、真琴さんはスマホのレンズを再びコロに向けた。

はたして、コロは人の恰好を保ったまま、満面に笑みを浮かべていた。

リードと首輪が悪趣味なコスプレのようだったが、真琴からは「おじさん」と認識される姿かたちで、犬のように（？）床にしゃがんでいる。いい笑顔だったが、真琴さんは「ヤバい」と呟いた。コロちゃんったら、まるで変態みたいだ。

しかし、行きではだんだん人になっていったのだから、帰りは犬に戻っていくのだろう。

ところが、そうはならなかった。九階を通過しても、画面のコロはおじさんのままだった。

「厭だ。コロちゃん、元に戻ってよ！」

真琴さんがそう言うと、コロは笑みを引っ込めて、スーッと姿を薄くした。慌てて生身の方を見たら、こちらも消えていくところだった。

真琴さんはスマホを放り出して、コロがいた空間を手探りしたが、リードや首輪まで消えてしまって、一〇階に着いたときには跡形もなかった。

それきり、コロは帰ってこなかった。動画を確認しても柴犬のコロが映っているだけで、家族は、母以外は誰も真琴さんの話を信じなかった。唯一、母だけが、「コロちゃんは前々から真琴に気があるそぶりを見せていた」と言って、真琴さんをかばってくれた。

迷子犬として町内会の会報に記事を出したり、あちこちに手作りのポスターを貼ったりしたが、コロは見つからなかった。あれから八年も経った現在は、犬でいるなら、もう寿命が尽きているかもしれないと真琴さんは言う。

家作の八年間

私が子どもの頃は、小さな平屋の賃貸住宅を町のあちこちで見かけた。四畳や六畳の部屋が二間か三間あり、簡素な水回りの設備がついていた。壁や屋根がトタンだったり、風呂がついていなかったりすることもあった。

そういった平屋を何軒か並べて自分の地所に建てて「家作《かさく》」と呼んでいる大家もまた、昔は珍しい存在ではなかった。貸し家という意味なのだが、自分の地所で貸し家商売をする人が減ったせいか、二〇一八年現在では滅多に耳にすることがなくなった言葉である。

一九七七年生まれの小林大輔《こばやしだいすけ》さんは、三つのときから「家作」で暮らしていた。一階建てで、お決まりの六畳と四畳の部屋に、狭い風呂場と、さらに狭苦しい和式便所、ガスコンロを置くことができる台所。そんな簡素な家が一〇軒、肩を寄せ合っている。

初めは、そのうちの一軒を祖母と母が借りていた。母は大輔さんが生まれる前に父と別れている。祖母、母、大輔さんの三人だけの家族だ。大輔さんが成長して手狭になると、隣の一軒も借りて、そちらに祖母が移った。

大輔さんが一六歳のとき、母が恋人を連れてきた。そこで、さらにもう一軒借りて、三軒並んだ家の真ん中の一軒を大輔さんにあてがい、左隣に祖母が、右隣に母と男が住むことになった。大輔さんは、母と二人で暮らすことを苦痛に感じはじめていたから、こうなってかえって好都合だと感じた。

彼はその頃、夜学に通っていた。平日は、早朝から午後にかけて働いて、いったん帰宅して仮眠を取り、日が暮れてから定時制高校の夜間部に行く——なるべく行く、という生活を送っていた次第だ。

真ん中の家への引っ越し当日も、片づけは母に任せて朝暗いうちから仕事に行った。昼の一二時に仕事を終えて、午後一四時頃から登校時刻の直前まで三時間余り仮眠するのだ。

仕事から帰ったら、もう家の中に荷物が運び込まれていたので、何もない六畳間に布団を敷いて横になった。

目を閉じると、すぐに睡魔に襲われた。トロトロと眠りかけたとき、何やら足もとに、人に乗りかかられているような重みを感じた。それは少しずつ、腰まで、腹まで……と這いのぼって、とうとう胸まで上がってきた。

ほぼ全身を押さえつけられているので息苦しくてしかたがないが、跳ねのけることはおろか、なぜか目を開けることさえ出来ない。

それに、なんだか乱暴に扱うことがためらわれる雰囲気があった。

――こいつ、女だ。

大輔さんは、まだ女体に触れたことがなかったが、しんねりと身体の凹凸に沿ってくる柔らかな肉づきの感じから、これは女だと直感したのだ。

じっくりと観察される気配があり、なんだか恥ずかしいような恐ろしいような心地で緊張して硬くなっていたら、ややあって耳もとで若い女の声が囁《ささや》いた。

「いいなぁ……いいなぁ……」

甘い声だった。意味はよくわからないが、好意を寄せてきている雰囲気だ。

二、三分も、繰り返し繰り返し、女の声は囁いた。「いいなぁ……」と言うばかりで、他のことは言わない。初めに感じた怖さが薄れてきて、ちょっと気合を入れたら身動きが取れるようになり、この女を捕まえられるんじゃないかと思えてきたら、ふいに身体を押さえつけていた重みが消えた。

目を開けると、何か変わったことがあったような感じもしない。昼寝の前と同じ、殺風景な部屋の景色しかなかった。

――今のあれが、金縛りというものだろうか。

最前の記憶を反芻《はんすう》するうちに、のしかかってきた物の怪《け》の姿を想像して怖くなった。

学校に行くにはまだ早かったが、独りで家にいることが耐え難くなり、左隣の祖母の家を訪ねた。

「お祖母《ばあ》ちゃん、今、昼寝してたら、金縛りに遭った！　上に乗っかられて、女の声がした」

「寝ぼけたんじゃないの？　しっかり休んでおかないと、授業中に居眠りするよ」

祖母は全然取り合ってくれなかった。恋人と同棲している母には相談しづらい。大輔さんは夜学の友だちに話した。

「マジか！」

――大いにウケた。

さっそく友人たちが家にひやかしに来た。四、五人も押しかけてきて、泊りがけで遊ぶことになり、飲み物や食べ物をめいめい持ってきて、夜を待った。

表《おもて》が暗くなってくると、次第に怯えた顔を見せる者が出てきた。

「今、目の前を白いものが横切った！」

「トイレから戻ってくるとき、廊下を女の人が歩いてたよ？　あれって幽霊？」

「さっきから変な声が聞こえる。なんかお経を唱えてるみたいな……」

夜が更《ふ》けるにしたがって、大騒ぎになった。

「マジでやべぇって！　大輔、おまえ、よくこんなとこいられんな！　俺、帰る！」

一人が帰ると言い出したら、みんなドタバタと出ていってしまった。

「なんだよ、みんな！　ビビりすぎ！」

大輔さんは独りきりになり、することもないので部屋を片付けて寝ることにした。

——彼自身は、どうもあまり怖くないのである。友人たちの騒ぎようが大袈裟に感じられてしょうがない。

昼間、金縛りには遭ったが、霊感が強いわけではないようで、友だちが言っていた女の幽霊なんか全然見えない。「いるなら出て来い」ぐらいの気持ちで布団に入った。

再び何者かがのしかかってきた。綿が降り積もるように、少しずつ重たくなっていく。同時に人の体裁を取りはじめ、終いには明らかに女の輪郭が感じられるようになった。

「いいなぁ……いいなぁ……いいなぁ……」

女の声としては好ましい類《たぐい》だと思った。甲高《かんだか》くなく、低すぎず、円《まど》かな声が、囁く。生きている女だったら、耳に吐息が吹きかかるだろう。

「いいなぁ……」

以降も、ときどき金縛りと女の声に見舞われたが、大輔さんは深く考えることなく、その家で過ごした。やがて二年が過ぎて、彼は一八歳になった。

その頃、大輔さんは夜学を中退して、塗装屋の仕事に精を出していた。職人気質《かたぎ》の社長と出逢い、深く傾倒していた。この人のもとで修業して、塗装のプロになる。そう決心して、実地で技術を磨き、仕事を終えて家に帰ると社長に勧められた塗装について書かれた本を読む毎日だった。

そんなある晩、そろそろ寝ようと思い、読んでいた本を置いて枕もとの明かりを消した途端、家のどこかでブレーカーを落とすような音が鳴った。

パチン！　パチン！　パチン！

連続して鳴りだしたので、電気を点けてブレーカーを見にいくと音が止んだ。ブレーカーには異常がなく、首を捻《ひね》りながら布団に戻った。

その翌日から、これが頻繁に起きるようになった。しばらくして、「パチン！」と同時に、今度はテレビが勝手に点いた。放送が終わっている時刻だから画面は砂嵐だ。

大輔さんはテレビを消した。この頃には多少の怪異には慣れていたので怖さは感じず、ただ、苛立《いらだ》ちをつのらせていた。

「いい加減にしろ！　こっちは明日も朝が早いんだよ！　迷惑！」

何もない空間に向かって怒鳴《どな》ったが、返事はなかった。霊感があったら幽霊が見えるのかもしれないが、何も見えない。そこで、「来るなら来い！」と言ってみた。

すると、机の端に置いていた塩化ビニール製の人形が声をあげて笑いだした。咄嗟《とっさ》に叩き落としてしまってから、睨みつけた。

「笑うな！」

これは友だちのアメリカ土産で、大事にしていたのだ。有名なアメリカンコミックの敵役だという怪人の人形で、身長が三〇センチくらいあり、スピーカーを内蔵している。つまり、もともと笑い声が出る仕掛けなのだ。そう、声は出る。電池を入れてスイッチのレバーを動かせば、だが。

大輔さんは人形を拾いあげた。背中の電池ボックスの蓋《ふた》を開く。何かの電池が足りなくなったときに、ここに入れておいた電池を抜いた記憶があったが……。

やはり、電池は入っていなかった。

翌朝、朝食を食べさせてもらうため、右隣の母の家に行った際に、人形の話だけでなく、これまでに体験した不可思議な出来事について、すべて話した。

「何か憑《つ》いてるんだろうね。あの家か、あんた自身に。霊媒師に相談してきてあげる」

この近所に霊媒師が看板を出しているというのだ。大輔さんが仕事から帰ると、母が待っていて、大輔さんがいつも着ている服を貸せと言った。

「自分で会いに行った方がいいらしいけど、服を見るだけでもある程度のことはわかるらしいよ」

そこで、まずは母に服を持っていかせたところ、霊媒師は「水神さまが悪戯《いたずら》している。家の周りに水溜まりがあるはずだ。そこを直してみなさい」と告げたそうだ。

明くる日は仕事が休みだったので、大輔さんも霊媒師のところに足を運んだ。霊媒師はお札《ふだ》の束を出してきて、「これを家のあちこちに貼りなさい」と言った。

一方、母は大家に相談して、家作の敷地を点検してもらっていた。

一〇軒の家作は昭和三〇年代に建てられたもので、どれも相当に傷んでいた。大家の一家では、退去した家から順に取り壊して更地にしたいと考えているとのことだった。実際、しばらく前に、空き家になっていた一軒を潰して瓦礫《がれき》を撤去していた。

「あの家のあったところに、大きな水溜まりが本当に出来てたんだよ。大家さんが市役所にかけあって、水道管を調べさせるって言ってくれたから、もう大丈夫だと思う」

母からそういう報告を受けてから間もなく、そこで水道管工事が始まった。大がかりな工事で、何が起きていたのかと思って家作の他の住人に訊ねたら、水道管に派手に亀裂が入って大量に水が漏れていたのだという。

水道管工事を横目に、大輔さんは霊媒師からもらったお札を家中の至るところに貼りつけた。

そうしたところ、怪奇現象が一応は治まったのだった。

そして、大輔さんは二三歳になった。まだ同じ家に住んでいたが、家作の人々は櫛《くし》の歯が欠けるように、一人、また一人と引っ越していき、住んでいるのは大輔さんの家を除けば五軒だけになっていた。母と恋人の家、祖母の家、大輔さんの家、あとは、五〇代の男性と、年老いた女性が、それぞれ独り暮らししていた。

空いた家から順番に潰されて更地にされていくので、周りは空き地だらけだ。祖母と母と三人で一軒に暮らしていた頃は、一〇軒とも人が住んでいて、赤ん坊や小さな子どもがいる家も多く、家と家の間の路地には絶えず顔見知りがいて、植木鉢に水をやったり、洗濯物を干したり、石蹴りをして遊んだりしていたのだが。

大輔さんは塗装工として一人前になりつつあり、給料も増えて、近頃ではボクシング・ジムに通う余裕ができた。しばらく前から、同じ町に住んでいる女性と付き合っていて、ここ最近は一緒に暮らすことを考えている。

そんなある日のこと。その日は休日で、朝寝坊を決め込んでいた大輔さんは、久しぶりに金縛りに遭った。

動けない。同時に、足もとから這いあがってきて、じんわりと体重をかけてくる存在を感じる。

ハッと、一六歳で独り暮らしをしはじめた日の出来事を思い出した。

耳もとで甘く囁きかけてきた女の声を記憶に蘇らせて、今度こそ正体を見てやると決意した。

渾身《こんしん》の力を瞼に籠めると、目が開いた。カーテンを朝陽が透かし、柔らかな光が満ちる視界の真ん中に、モジャモジャの茶髪があった。

ブリーチしたソバージュヘアの女が、こっちに尻を向けて、腹の上にデンと座っているのだと理解できるまで、ちょっとの間、混乱した。

女はド派手な黄色いフェイクファーのジャケットを着ていた。これが「いいなぁ」の声の主かと思ったら、なぜかひどく落胆し、次いで猛烈に腹が立ってきた。

怒りに任せてボクシングの要領でパンチを繰り出したら、身体が動かせて思いっきり殴ることができた……と思ったのだが、拳《こぶし》が空を切った。

それでも、ひるまずに三発ほど殴ったら、女の姿がスーッと消えた。

その後、玄関のお札が剥がれていることに気がつき、あらためてゾッとして、彼女の家に転がりこむことにしたのだという。

大輔さんが退去すると、残りの家作は四軒になった。その状況も長く続かず、彼が去ってからたった三ヶ月の間に二軒の住人が死んで、祖母と母たちの家だけになってしまった。

まず、五〇代の男性が亡くなり、次に独り暮らしのお婆さんが死んで、どちらも遺体を発見したのは大輔さんの母だったそうだ。

ビデオテープ

東京都八王子市出身の梁川俊子《やながわとしこ》さんの話。

俊子さんの父は昔からビデオ撮影が趣味で、何気ない日常の一コマを撮影したＶＨＳのビデオテープが実家に大量に保管されていた。

データで動画を残せる時代になると、それらのビデオテープは再生されることもなくなり、いつしか家族の記憶から消え去った。たぶん父も忘れていたのではないか。

晩年の父が家族との会話でそのことに触れたことはなく、遺言書にも、ビデオテープについては何も書かれていなかった。

父の三回忌の折のこと。親戚縁者が集まって斎場で法要を行った後、実家で会食をすることになった。みんなで実家に着いたのは午後三時頃で、まだ夕食には少し早い時刻だったから、居間でお茶を飲みながら歓談していたら、俊子さんの兄が「面白いものを掘り出したからみんなにも見てほしい」と言って衣装ケースを運んできた。

父の死後、兄は妻子を連れてこの家に移ってきて、母と同居している。

「何それ?」

「親父のビデオテープだよ。母さんや俺たちを撮ったビデオがあっただろう?」

兄が衣装ケースの蓋を取ると、叔父や叔母、従兄弟《いとこ》たちがわらわらと集まってきた。

二〇帖の洋間が人でぎっしりになった。父方の親戚ばかり一〇人と、兄と義姉、兄の家の子どもたち二人。俊子さんを入れると一五人もいた。

「お母さんと伯母さんも呼んでくる?」と俊子さんは兄に訊ねた。

母と伯母は高齢のため、こちらに戻るとすぐに客間に引っ込んで横になっていた。

「まだいいよ。もう少し休ませておこう」

ビデオテープは、初期のVHSテープやカセットテープの半分くらいの大きさのミニDVテープなど大小さまざまあった。

「ビデオテープの歴史って感じ。五〇本以上ありそう。古いのは八〇年代のじゃない?」

「親父は撮るだけで満足しちゃう性質《たち》で、編集はおろか、録画したビデオテープをあとで見直すことすらしなかったから、撮った本数だけは凄いよね。俊子は憶えていると思うけど、ＳＤカードは俺がＤＶＤに焼き直したんだよな。あれが五年以上前のことだ。あの頃は親父も元気で、ここで上映会をしたっけ」

「憶えてるわ。でも正直言って、あのときのビデオはイマイチだった。新しすぎて」

五年前の上映会では、兄の子どもたちばかり——ビデオの中では赤ん坊だった——を延々と見せられてうんざりしたものだ。

「これは面白そうだね」と、従兄弟が言った。さっきからカセットを手に取り、表に貼られたシールをしげしげと見ていたのだ。

「この日付とタイトルを見てよ。《一九九〇年八月一三〜一五日》だって。たぶん僕も写ってるよ。お盆でここに全員集まったじゃない？　ここにいる大人は全員撮られたんじゃないかな。たしか僕は小四だった。超懐かしい！」

「じゃあ私は一九歳だね。兄さんは大学四年かな？　これは観てみたいかも……」

「その頃なら、きっとチャメとタビも写ってるね」と、兄は当時飼っていた犬と猫の名前を口にした。もうどちらも寿命で死んで久しい。兄は雑種犬のチャメをとくに可愛がっていた。

「いや、これならみんな観たがるんじゃないかと思って持ってきたんだけどさ、やっぱりウケがいいな。皆さんはどうですか?」と兄は親戚たちに訊ねた。

みんな一様に興味をそそられたようすだった。「ビデオデッキがあればね。うちのは捨ててしまった」と叔父が残念そうな顔をした。「でも、データに変えるにはお金が掛かるんでしょう?」と訊ねた者もあった。

兄は、少し得意そうに、「実は」と切り出した。「自分でデータ化できないか調べてみたんです。そうしたらVHSのビデオデッキとビデオキャプチャーさえあれば簡単そうでした。そこで、親父のことだから、ひょっとして古いビデオデッキも捨ててないんじゃないかと思ってあちこち探してみたら、あったんですよ! 昨日試しにテレビに繋いでみて、壊れてないことも確認できました。よかったら、今からここで上映会しませんか? データ化はあらためて僕がやりますから、今日はどれか一本観てみましょうよ」

母と伯母に声を掛けに行ったら、伯母はよく眠っていたので、母だけ居間に連れてきた。

準備が整って、兄がビデオデッキの再生ボタンを押した。

まずは、さきほど従弟が見つけた一九九〇年のお盆のテープを選んだ。未編集の一二〇分テープだが、父は、短くカットを掛けながら撮り進めていたようだ。

茄子《なす》や胡瓜《きゅうり》に爪楊枝《つまようじ》を刺して精霊馬《しょうりょうま》をこしらえている従兄弟と俊子さんが映ったと思ったら、次の場面では一同が会食していた。そんな調子で、浴衣《ゆかた》に着替えた女性陣、線香花火で遊んでいる従兄弟たち……と順番に観たが、飽きることがなかった。

チャメやタビも写っていた。八月一四日の朝だと思われる場面では、仏壇の前に俊子さんと兄を含めた子どもたちが座らされていた。みんな神妙な面持ちで手を合わせているのに、タビが仏壇の前のお供え物に悪戯《いたずら》をしはじめる場面では、全員爆笑してしまった。

一五日まで泊まっていたのは子どもたちだけだったようだ。この頃になると、父は三人の従弟妹と俊子さんばかり撮っていた。

やがて画面の中では、庭で従弟妹たちと兄と俊子さんが西瓜《すいか》割りを始めた。

「あれ？　これ、どこから撮ってるのかしら？　すごく低くない？」

「客間の縁側から撮影したみたいに見えるけど、たしかにカメラの位置が低すぎるね」

方向としては、客間の掃《は》き出し窓の方から庭を向いて撮っているのだが、地面すれすれの高さから撮影されているのだ。そのせいで、ほとんどの子の顔が見切れてしまっていた。

カメラを地面に置いているのかというと、そんなこともなく、子どもたちの動きを追って画角が移動している。

「タビが撮ったのか?」と兄が軽口を叩いたが、顔を見ると笑顔が引き攣《つ》っていた。

父と母が画面の中に現れると、叔母たちが小さな悲鳴をあげた。

「どういうこと? このとき誰がビデオカメラを持ってたの?」

俊子さんと兄は首を横に振ったが、母は兄を見て、「てっきり、あなたが撮ったのかと思ってた」と言った。

「思い出したわ。たしか、このときは西瓜割りを始める前に、お父さんがビデオカメラを探してたの。でも見つからなくて、探すのをあきらめて私と庭に出たんだよ」

「うん。母さんたちが途中から参加してるようすが映ってたね」

「そう。そして西瓜割りが終わって、お父さんと一緒に後片づけをしているときに、縁側にビデオカメラが置かれてるのを私が見つけたのよ。お父さんに『ビデオカメラこんなところにあったわよ』と言って渡したら、その場ですぐに録画されてるテープの最後の一、二分だけをビデオカメラの液晶画面で簡単にチェックして、お父さんが『西瓜割りのようすがちゃんと録画されてるみたいだよ。お兄ちゃん(俊子さんの兄のこと)が撮ったんだろう』って言ったから、そうかなって……。全然おかしいとは感じなかったけど、あなたも画面に映ってたよね？　それに、これ、客間の縁の下から撮ったみたいじゃない？」

母がそう言った途端、まさにその縁側の方でドスンと大きな音がした。

俊子さんは、急いで居間の掃き出し窓を開けた。

今しがたまで画面に映し出されていた庭があり、庭の角を挟んで斜め前に、客間の縁側が見える。

縁側の下に、伯母がうつぶせに倒れていた。

——救急車を呼んだが、すでにこと切れていたという。

人格憑依

神奈川県在住、篠崎《しのざき》涼真《りょうま》さんの談話。

「一〇年前、私の友人Aは専門医から二重人格であるとの診断を下されました。

本来、二重人格という名称は現代の精神医学では認められておらず、かつて多重人格障害と呼ばれていた解離性同一性障害の症状の一部がそのように見えるだけだと言われています。幼少期に心的外傷を繰り返し受けたことで、心をガードするために記憶の一部が遁走する癖がついてしまい、それが複数の人格をもっているかのような症状を生むのだとか……。

しかしAは非常に稀《まれ》なケースで、主な人格・Aがあり、時々もう一つの人格・Bが言動に現れるという症状を呈していました。また、これと言って思い当たる幼少期のトラウマもありませんでした。

BはAとは完全に異なる人物のようで、Bは関西弁を話し、自分は物心ついたときから大阪に住んでいると主張していました。年齢も当時三〇代後半だったAよりも一〇歳ほど若く、体格もAより大きいと述べていて、不思議なことにBになりきっているときのAは、他人の目からもいつもより背が高くなったように見えたそうです。

人格の交替がある日突然始まり、前兆がなかったことも、解離性同一性障害とは異なる症状でした。

交替が頻繁だったため、Aはすぐに日常生活に支障を来たし、周囲に隠しておくことも出来なくなりました。Bになっている間の記憶が抜け落ちてしまうのです。

Aの認識では、仕事中や家族との会話の途中で、急に意識を失って、気づくとさっきまでいた場所とは違うところにいたり、周りの人から怪訝《けげん》な顔をされたりしているわけで、たまったものじゃありません。

Aは自分から進んで神奈川県内の某病院の精神科を受診し、医師の勧めで入院して治療を受けることになりました。解離性同一性障害の治療と同じく二十四時間の観察と記録を伴うとのことで、精神的負担も大きかったのですが、Aはよく耐えました。

その甲斐《かい》あって、やがてAはBと対話できるようになったそうです。携帯電話を右手と左手に一台ずつ持って交互に耳に当てて会話するなど、見たところは非常に異様な感じですけど、解離性同一性障害ではこれは治癒する過程で見られる症状だとされていて、たしかに、しばらくしてBという人格が現れることはなくなりました。

退院を間近に控えたある日のこと、Aのもとに、大阪の女性から一通の手紙が送られてきました。手紙にはこんなことが書かれていました。

――変な話だと思われるでしょうが、私にはBという息子がおります。Bは交通事故に遭《あ》い、長らく昏睡状態でしたが、つい先日、奇跡的に目を覚ましまして、会話できるまでに回復いたしました。ところが意識を取り戻したときから、息子が奇妙なことを言うようになったのです。自分にはAさんという友人がいて、その人は神奈川県の○○病院に入院している。そう言うのですが、夫や私を始め、息子の周辺ではAさんという人にも神奈川県の○○病院にも心あたりがございません。ですから最初は、昏睡していたときに見た夢だろうと誰もが思いました。けれども息子の記憶は細かなところまで具体的で、主治医の名前は○○○○さんで、入院日は○○日、退院予定日は○○日だと話して、夢ではないと言い張って譲らないので、少し調べてみたところ、神奈川県の○○病院とそこの精神科の医師の○○○○さんが実在することがわかりました。そこで神奈川県の○○病院精神科の○○○○先生とAさんに宛てて、このお便りを出してみた次第です。無事にお手もとに届いているといいのですが。息子は今後も怪我の治療とリハビリのため、引き続き大阪府の××××病院に入院する予定です。もしも本当にAさんという方がいらっしゃったら、息子の主治医の××××先生も後学のために是非お会いしたいとおっしゃっております――

手紙に書かれたすべての固有名詞が事実と完全に一致していました。

名指しされた主治医とAはすぐに大阪に飛び、入院中のBと、Bの担当医、そして両親と面会しました。AとBは再会を喜び合い、二重人格時代の話で盛りあがりました。二人を治療してきた医師たちは大いに驚き、世の中には医学では説明できない出来事もあるのだなぁと話していたそうです」

この篠崎涼真さんのお話を聞き、是非ともAさんを取材したいと思った私は、すぐに篠崎さんにメールを送り、Aさんを紹介してくださるようにお願いした。

すると、こういう返信が来た。

「実はAは私です」

夷隅の想い出

千葉県夷隅郡《いすみぐん》の里山には、一九八〇年代前半ぐらいまでは古い習俗が残っていた。土地開拓の歴史は古く、古事記に「伊自牟《いじむ》」、日本書紀に「伊甚《いじみ》」として記録された地域である。域内で多数の古墳群が確認されており、埴輪《はにわ》や白銅製の神獣鏡も出土し、古代から祭祀儀礼が行われていた地域だと言われている。

その夷隅郡には、かつて夷隅町《いすみまち》という町があった。二〇〇五年に近隣の二町と合併されたため、今はこの町名は無い。木野栄太郎《きのえいたろう》さんの父方の一族は夷隅町の丘陵地に広い地所を有していて、本家と分家の当主は代々、官吏になる習慣だった。

栄太郎さんの生家は分家筋で、一九九五年までは小さな山の中腹に屋敷があったことから、高みの見物の「高見」に「どん」をつけた「タカミドン」という屋号で呼ばれていた。

元々、屋敷があった辺りには「モトヤシ」という呼び名がつけられていた。

本家はタカミドンに先んじて山の麓《ふもと》に居を構えるようになっていた。タカミドンは本家のすぐ近くに引っ越してきたのだった。

タカミドンと本家が新しく屋敷を構えた辺りから公道までの道は緩《ゆる》い坂道で、この道は両家及び近隣の人々から「ジョウボ」と呼びならわされていた。

ジョウボの脇には大きくて美しい蓮池《はすいけ》があった。

栄太郎さんの母が若い頃、夕方、ジョウボを歩いていると人魂を見かけたそうだ。

太陽が沈んでゆく西の山間に向かってふわりふわりと去っていこうとしていたが、母が人魂だ、と気づくと、ポンッと音を立てて消えてしまった。

それ以来、ジョウボの蓮池の蓮の花が開くと、その度に、家の中にいてもポンッという音が聞こえるようになったと栄太郎さんの母は語っていたという。

——こうしたことはどれも昔々の話のように思われるかもしれないが、栄太郎さんは一九六八年生まれだから、それほど遠い過去の出来事ではない。

栄太郎さんの父方の祖父、つまりタカミドンの当主だった人は、四〇年ほど前にこの世を去った。しばらく前から認知症を患《わずら》って座敷に寝かされていたのだが、昼寝から目を覚ましたら、祖父はふいにモトヤシに帰りたくなったらしい。屋敷の裏山をモトヤシの方へ登っていく道すがら、ひと休みしようと持っていた紙巻き煙草「エコー」を吸い、その火が枯草から着物に燃えうつって火だるまになっているところを近所の人に発見されたのだ。

これが三月一五日の午後のことだった。

祖父は、こんな酷い目に遭《あ》うべき人ではなかったと栄太郎さんは思う。

祖父が郵政官吏時代に画家に描かせた肖像画が今でも屋敷に飾ってあるが、俳優の故・笠智衆《りゅうちしゅう》にそっくりの顔立ちをした温和な人だった。祖父の先代が酒や博打《ばくち》にうつつを抜かして家族に迷惑を掛けた人だったので、反面教師にしたのかもしれない。堅実な人格者で、非常に穏やかな性質で、怒ったところを誰も見たことがなかった。

駆けつけた人々によって火が消され、救急車が来るまでの間、水で冷やされたが、祖父は全身に重い火傷《やけど》を負っていた。

事故当初は、それでも意識はしっかりしていて、救急搬送された先の病院で、医師や看護婦、お見舞いに来た家族や知り合いを「ありがとう」と労《ねぎら》っていたそうだ。

栄太郎さんは祖父を見舞うことを両親に止められた。彼はその頃まだ小学校三年生だった。変わり果てた祖父の姿を見たら恐怖を覚え、一生心に傷を残すかもしれないと両親が考えたようだ。

家族がみんな病院に行ってしまうと、栄太郎さんは祖父が火だるまになっていた場所を見に行った――モトヤシより少し下の辺りが七、八メートル四方も焼け焦げていた。

祖父を焼いた火勢の凄まじさを想像して怖くなり、泣きながら屋敷に引き返した。

翌一六日は、小学校の卒業式の予行演習に在校生として参加することになっていた。木造校舎の講堂で予行演習をしている最中に、「今、お祖父さんが死んだ」と直感した。

家族からは何も連絡がなかったが、下校するまで気が気ではなかった。

ジョウボを走って屋敷に帰り、玄関まであともう少しというとき、ちょうど叔父が屋敷から出てきた。いつも見慣れた郵政官吏時代の祖父の肖像画を抱えていた。

続いて出てきた母から、肖像画を持ち出したのはお葬式のときに遺影にするためだと教えられた。

「僕、今日の予行演習のときに、お祖父ちゃんが死んだなと思ったんだ」

「それは虫の知らせというもんだ。栄太郎がそう感じた時刻はいつ？」

栄太郎さんが答えると、母は深くうなずいて、「その時間に、お祖父ちゃんはあの世に旅立ったんだよ」と言った。

父方の祖父の死の翌年、母方の祖父も逝《い》ってしまった。

母の実家は「カニタ」と呼ばれていた。カニタの祖父は鳶《とび》の頭領《とうりょう》で、戦時中は海軍士官になり、戦後は町議会議員も務めた。白いエナメル靴に麻のスーツ、パナマ帽の伊《だ》達《て》男で、慈善事業にも熱心、気風《きっぷ》も良く、多くの人から慕われていた。

しかし晩年は、同居していた長男一家との折り合いが悪く、実の息子である長男からも冷遇され、かつての鳶の頭としての風格を失ってしまった。祖母が亡くなってからは、毎日々々、雨の日でも妻のお骨を納めたお墓を訪れては、長い時間、墓前に立ち尽くしていたという。

ある日、栄太郎さんたちが夕食後に家族で居間に集ってくつろいでいると、父と母が、少し驚いた表情で玄関の方角を振り向いた。

「はい！」と母がそちらへ向かって声を張って返事をし、小走りに居間から出ていった。

しかし、すぐに戻ってきて、父に「変だわ。誰も来てなかった」と言った。

「さっき『コンバンッ』って聞こえたわよね？」

それはカニタの祖父の癖で、夜に家を訪ねてきたときは必ず「コンバンッ」と挨拶するのだった。如何《いか》にも鳶の親方らしい威勢のいい大声で、「コンバンッ」と訪れた祖父からお土産をもらったことが、栄太郎さんには何度もあった。

しかし、父と玄関の外に出てみても、カニタの祖父の姿はなかった。

「俺も『コンバンッ』って聞いたのに、不思議なこともあるもんだな」

そのとき電話があり、カニタの祖父が亡くなったことを知らされた。栄太郎さんは自分には祖父の声が聞こえなかったことを両親に告げそびれた。


カニタの長男一家は、子どもたちまで全員が祖父につらくあたっていたが、とくに母親（長男の嫁）が残酷な仕打ちをしていた――ということを、祖父の死後に栄太郎さんは母から涙ながらに聞かされた。

カニタの嫁は、祖父が溺愛していた猫を嫌った挙句、祖父の目を盗んでどこかにやって（もしかすると殺して）しまったこともあるそうだ。衣食の世話もせず、祖父が弱って自力でやるのが困難になっても面倒をみようとしないので、母がときどき祖父のもとに通っては食事や洗濯の世話をしてやっていたのだ。

長男夫婦は祖父母の財産を用いて、古い屋敷に建て増しをする格好でガレージ付きの洋風の家を造って住んでいた。

一階のガレージに自分たちの車を入れて、二階は西欧式のモダンな家にしていたのだが、当時子どもだった栄太郎さんの目から見ても、とても不自然で異様な感じがしたという。

カニタの祖父の死後、その建て増した部分だけが火災で消失した。

電気系統の故障が原因だとされたが、増築部分以外の元からある屋敷は火の粉が飛んでこなかったわけもないのに無傷で済み、長男一家が暮らしていた二階は、跡形もなく焼けて消えてしまったとのことだ。

臭いと鍵

町工場《まちこうば》が集中している地域は地方都市にもよく見られる。家内制手工業を中心に昭和の高度経済成長期頃に著しく発展したが、時代の移り変わりとともに現在では全国的に衰退しつつある。

東京都では、埼玉県や千葉県との県境や東京湾を臨む下町に町工場が今でも多い。この体験談の舞台、江戸川区もその一つで、一〇〇〇を超える繊維、木材、ガラス、印刷、製本、金属、機械関連の小さな工場がある。

江戸川区の特徴は「住」と「工」の混在だ。住宅地と商店からなる人の生活エリアと町工場が入り混じっているのである。ちょっとした騒音でも訴訟沙汰に発展する昨今では珍しく、おおらかな下町人情が残る土地柄ならではという気がする。

月丘芳和《つきおかよしかず》さんは江東区で床屋を営んでいる。三階建ての自宅の一階を店にして、二階に事務所と自分用の寝室があり、妻と子の寝室と台所や浴室など生活のメインとなる居住スペースは三階に設けた。開店してから三〇年近く経ち、すっかり地元に根づいており、常連客には町工場の工員さんも多い。

今から一〇年ほど前のことだが、一階を作業場にして二階で暮らすという典型的な町工場の親父さんが、自分の息子を連れてきた。親父さんは何年も前から床屋の常連で何ひとつ問題ない良い客だったが、この息子には困った点があった。

風呂嫌いが原因で、身体がひどく臭うのだ。

頭も汚れていて、フケと皮脂が髪の根もとにみっしりとこびりついていて、カットの前に最低でも三回はシャンプーしないことには、どうしようもなかった。

来店した瞬間に、店に染みついているシャンプーやリンスの香りを突き抜けて、異様な臭いが強烈に漂ってきたので閉口したが、親父さんが常連だからという以上に、無碍《むげ》にはできない事情があった。

連れてきた親父さんによれば、彼の風呂嫌いの原因は、五歳のときに自宅の浴槽で溺死している母親を発見してしまったせいだというのだ。さらに彼には軽度の知的障害があり、三〇歳になるというのだが、中学生のような受け答えしかできない。こんなふうに二重に気の毒で、しかも親父さんは顧客でもあるし、断れないと芳和さんは思った。

しかし、この青年——仮に手塚くんとする——が、二、三週間に一度のペースで通ってくるようになると、すぐに芳和さんは彼のことが気に入った。

ほがらかで愛嬌があり、お人好しで憎めないヤツだったのだ。愚痴や不平も言わない。人を疑うことを知らないようすだから、見るからに悪人に騙されやすそうだったが、親父さんが自分の工場で働かせてしっかり面倒をみているうちは安心だと思われた。

手塚くんは一九九五年に解散したロックバンド「ザ・ブルーハーツ」が好きで、コンサートに行ったときの話を繰り返し聞かせてくれた。コンサートに行ったのは、後にも先にも小六のときのそれ一度きりで、親父さんに連れていってもらったのだが、手塚くんはまるで昨日のことのように夢中で話すのだった。

何度目かに来店したとき、手塚くんが希望したのでロックミュージシャンっぽい金髪にしてあげた。彼はたいそう気に入ったようで、その後、カラーリングしてやってほしいと言って彼女を連れてきた。

手塚くんに彼女がいたことに芳和さんは内心びっくりしたが、聞けば初めての恋人だということだ。自慢したかったのかもしれないが、たまたま彼女がこの床屋の隣のアパートの二階に住んでいるとわかったことも、連れてきた理由のひとつだった。お隣であれば、よく通ってくれるようになるかもしれない。芳和さんは手塚くんに感謝しながら、彼女が希望するとおりに髪を染めた。

その結果、二、三日して偶然、店の前で彼女と会ったら、「とてもいい色にしてもらって、ありがとうございます」とお礼を言われたので安心していた。

ところが翌週になって、突然、彼女が店にやってきたと思ったら、「お願いした色と違うんで、染め直してくれますか？」と酷くつっけんどんな口調で言うので驚いた。

その日は日曜日で、予約したお客さんで店は満員。待っている人たちがいる目の前でクレームをつけられて芳和さんは困惑した。

「今日はご予約の方が大勢いらっしゃるので、出来ましたら、ご来店するお時間を決めてくださいますか？」

「イヤ！　今すぐやって！」

芳和さんの手が空かないのは状況を見ればわかること。そのうち彼女は店の中で立ったまま煙草を吸いはじめた。嫌がらせとしか思えない態度だ。これには芳和さんもカチンときて、先日いただいた代金を全額返金して帰ってもらうことにした。

「ヘッ。前の店じゃあ三回、染め直してくれたのによッ」

と、彼女は捨て台詞を吐き、煙草の吸い殻を店先で踏み消して去っていった。

手塚くんはこの出来事を彼女から聞いて、ショックを受けたようだった。

数日後店に来て、芳和さんに謝り、「俺の顔に泥を塗る気かと怒ったんですよ」と話した。


——手塚くんのお父さんが来店して「うちの息子が亡くなりました」とポツリと告げたのはその三ヶ月ほど後のことだった。

手塚くんがオートバイで亀戸の十三間通りを走っていたら、路肩に停車していたタクシーのドアが突然開いてぶつかり、地面に投げ出されて片足を骨折したのだという。

そして病院に救急車で搬送されて一晩入院して治療を受けたが、帰宅した途端、「気持ち悪い」と言って玄関に座り込み、そのまま亡くなってしまったそうである。

検死を受けた結果、ギプスを着けて長時間同じ姿勢でいたことによるエコノミー症候群によるとのことだ。

思いもよらないことで芳和さんも衝撃を受けたが、父一人子一人でずっとやってきた親父さんの憔悴ぶりは酷く、痛ましくて見ていられなかったという。

手塚くんの訃報からしばらくして、芳和さんが寝ていると、寝室の床をギシギシと軋ませて誰かがベッドの方に歩いてくる気配がすると同時に、嗅ぎ覚えのある臭いが漂ってきた。

——手塚くん？

間違いなく風呂嫌いの手塚くんの体臭だった。足音が近づくにつれ、臭いもどんどん強まってくる。手塚くんを怖いと思う日が来ようとは今まで想像したことがなかったが、幽霊だと思ったら急に怖ろしくなった。姿を見ようと思っても目が開かなかったので、恐怖がいや増した。

手塚くん特有の臭いと気配が濃厚になり、寝ている芳和さんを押し包んだ。

そのとき、子どもの頃に祖母から教わった神道の祝詞《のりと》の一節が、なぜか心に浮かんだのだという。

「かんながらたまちはえませ（惟神霊幸倍坐世＝神の御心のままにお導きください）、かんながらたまちはえませ、かんながらたまちはえませ……」

一心に唱えていたら、唐突に、手塚くんの臭いと気配が消えた。

その直後、隣のアパートの方から絶叫があがった。

「ぎゃあああああああっ！」

芳和さんの認識では、殺人事件が起きたのかと思ってしまうほど身の毛もよだつような、大きな叫び声だったのだが。

翌朝、妻が言うことには、昨夜、家のインターフォンのチャイムが鳴らされたが、気味が悪かったので無視したのだそうだ。悲鳴は聞いておらず、「窓から玄関の方を見てみたけれど、誰が来たのかは暗くてわからなかった」と話した。

変なこともあるものだと思いつつ、芳和さんが新聞の朝刊を取るために玄関から表に出たら、インターフォンの下に鍵が落ちていた。これは妻が言うように深夜にチャイムを鳴らした人物が落としていったに違いないと考えて、彼はこの鍵を近くの交番にすぐに届けた。

正午を過ぎた頃、朝、鍵を届けた交番の巡査が床屋に芳和さんを訪ねてきた。

「今朝の鍵ですけど、お隣のアパートの〇〇〇さんの部屋の鍵でした。遺失物届は出ていなかったのですが、偶然、アパートの大家さんにお会いしたので鍵を見せしたら、うちのアパートのだと言ってナンバーを調べてくれて持ち主がわかったので、今、お届けしてきました。月丘さん、〇〇〇さんとお会いしたことがあるんですってね？　〇〇〇さんに『隣の床屋さんが届けてくれた』と言ったら、会ったことがあると……。でも、どういうわけか鍵を渡そうとしたら〇〇〇さんは気味悪がって、最初は受け取りたがらなかったんですよ。結局受け取らせましたけど、変わってますよね。普通、失くしていた鍵が出てきたら喜びそうなものですけどねぇ」

〇〇〇さんというのは、例の手塚くんの彼女だ。

あの鍵は、手塚くんが生前、彼女から預かっていた合鍵に違いない。だから彼女は不気味に感じたのだろう。

——手塚くん、出る家を間違えちゃったのかなぁ。それともやっぱり、〇〇〇さんは手塚くんの幽霊を見て悲鳴をあげて、それを僕が聞いたのかしら。

芳和さんと彼の妻は、今でも時折、この出来事を話題にするという。

縁切り傷

土屋香織《つちやかおり》さんの胸には傷がある。ちょうど心臓の真上を刃物で刺されて、一命は取り留めたものの、無惨な痕《きず》が残ってしまったのだ。

殺意のこもった一撃だったが、では、誰にやられたのかと訊かれても、即答するのは難しいと香織さんは言う。

この怪我を負った二〇〇二年は、香織さんにとって人生最悪の年であった。

春、四年付き合った恋人と別れた。当時、香織さんは二一歳で、近い将来、彼と結婚するつもりで、彼の方でもそうだとばかり思っていたのだが、突然、心変わりされて捨てられた。

また、ほぼ同じ時期に、親友が海外に移住してしまった。幼い頃から親しく、思春期にいっそう深く心を通じ合わせた唯一無二の友だった。

孤独を噛みしめていたところへ、夏には、母親が、事業の運転資金と偽って彼女から巻き上げた金をすべてパチンコにつぎこんでいたことが発覚した。

これに怒ったり悲しんだりしている香織さんを、二つ年上の姉は「お気の毒さま」と嘲笑《あざわら》った。そもそも母のパチンコ狂いを教えてくれたのは、この姉だ。しかし姉は、香織さんが消費者金融から金を借りてまで母に貢いでいることを知りながら、借金が膨らんで大変なことになるまで、長いことあえて黙っていた節があった。

思えば、物心つく頃から、ほめてくれたことなど一度もない冷たい母だった。母にえこひいきされて育った姉が、信じられないほど底意地が悪いことも、厭というほど知っていた。

せめて父が頼りになれば。しかし、父は二つの仕事を掛け持ちして早朝から深夜まで働いており、たまに家で見かけるときはいつも、屍《しかばね》のような灰色の寝顔を見せて横たわっている。

父の会社が倒産したのは、香織さんが希望していた東京の有名私立大学から合格通知が届いた直後のことだ。その大学には入学後の奨学金制度がなかったため、奨学金を受けられる別の大学に進むことになった。姉は行きたい大学に進学して一流と呼ばれる企業に就職したが、香織さんは、結局、大学を中退して、二〇歳で中堅どころのIT企業に就職。パソコンのプログラミングが出来たのでプログラマーとして採用された。給料は悪くなかったが、これが災いした。収入を得るようになったら、母が猫撫で声で擦り寄ってきたのだ。

でも、お金を手渡すたびに、母は香織さんにはついぞ見せたことのない笑顔になり、母から聞けるとは思わなかった感謝の言葉を口にするのだった。

母の微笑《ほほえ》みは、麻薬のように香織さんを蝕《むしば》んだ。

気がつけば、周囲に頼れる人が誰もいない孤独地獄の中で、母のために消費者金融から借りた額と大学の奨学金の残金、合わせて約六〇〇万円の借金だけが残されていた。

借金の返済に追われながら、香織さんは、今までに母と姉から受けた散々な仕打ちをひとつ残らず脳裏に蘇らせた。姉も憎いが、諸悪の根源は、やはりどう考えても母だった。姉の性格は、母が姉妹の扱いに差をつけて、姉ばかり蝶よ花よと可愛がった結果なのだから。

母への恨みをつのらせた挙句、日本三大縁切り稲荷《いなり》のひとつとして名高く、家からも近かった群馬県の門田《かどた》稲荷神社に詣でて、母との縁切りを願うようになった。

三ヶ月ほど足繁《あししげ》く通ったが、縁切りが成就する兆しがないまま、やがて年の瀬を迎えた。


その頃、香織さんが勤めていた会社の部署は、某都市銀行同士の大合併に伴うシステム開発を下請けしたことから、いわゆるデスマーチに陥っていた。デスマーチとは文字通り「死の行進」で、IT業界で、長時間の残業や休日出勤が常態化する過酷なプロジェクトに従事している状況を意味する。

深夜、二階の自室でベッドに横になるたびに足音を聞くようになったのは、そんなデスマーチ真っ只中にある師走の初旬のことだった。

午前二時過ぎ、帰宅してすぐ疲労困憊《こんぱい》した体をベッドに投げ出した香織さんは、階段を上ってくる足音に気づいた。

ギシッ、ギシッ……。重い足取りでゆっくり上ってくる。

香織さんの部屋は階段を上ってすぐ右手で、左手には両親の寝室があった。父が帰ってきたのだろうと香織さんは思った。足音が二階に近づくにつれて、息づかいや服の布地が擦れ合うのも、気配として伝わってきた。最後の段まで上り切ったところで音と気配が止み、「あれっ?」と思ったが、疲れ切っていたため深く追求する気力もなく、眠ってしまった。

しかし、その次の夜も、香織さんは足音を耳にした。この日は、階段を上るだけではなく、階段から廊下を右手に三歩ほど進んだところにある自室の前までやってきた。ドアの前で佇んでいるように感じられたが、このときも香織さんは、深くは考えず父が来たのだろうと考えた。

下の娘の窮状に気づいて心配し、しかし何をしてやることも出来ずに絶望した父が、部屋に入る勇気さえ湧かずふがいなさを噛み締めているに違いない……そう思ったのだが。

三日目になると、足音の主は、閉まっているドアの戸板を通り抜けて、室内に侵入した。

そのとき、金縛りに遭っていることにも気がついた。気配がする方に首を向けることが出来なかったのだ。

翌日、香織さんは家に帰るのは避けよう思い、「泊まらせてください」と上司に願い出た。

しかし、「女の子なんだから帰りなさい」と言われてしまったのだという。当時、女性のＩＴ技術者は少なく、香織さんは職場で紅一点の存在だった。仕方なく帰ろうとすると、「女はいいよなぁ！　甘やかしてもらえて！」という声に後頭部を引っ叩《ぱた》かれた。女だからという理由で、お茶くみは香織さんの仕事とされ、プログラマーとしても、時間あたりで換算したら誰よりも多く作業をこなしてきたというのに。

何もかも厭になり、投げやりな気持ちで自宅のベッドで足音の主を待ち構える夜が続いた。

そして七日目、ついにそれは姿を現した。

枕もとに立ち、香織さんの顔を覗き込んできたのである。人の形をした真っ黒な影の塊《かたまり》のようで、視線は感じたが目鼻立ちはわからなかった。

八日目、黒い影はベッドに上がってきた。

九日目、香織さんに馬乗りになった。

一〇日目、彼女の首に両手をかけると、じわじわと絞めはじめた。

日増しに絞める力が強くなった。さらに三日もすると、朝、喉に手の跡が残っていないのが不思議なくらい、きつく締めてくるようになった。とはいえ痣《あざ》も出来ていない。

この頃になると、黒い影の塊が小柄で手も小さいことに気づいていた。

香織さんは、朝、洗面所の鏡を見ながら、自分の手で自分の首を絞めてみて、素手で人を絞め殺すのは案外難しいことなのかもしれないと考えた。

その夜——足音が聞こえはじめたときから数えて二週間目の深夜——また香織さんに馬乗りになってきた影のようすが、前の晩とは異なった。右手に刃渡りの長い包丁のようなものを持っていたのだ。

殺されるんだ、と、そのとき香織さんは妙に冷静に思ったのだという。

別れた恋人、去っていった親友、母、姉、父、職場の同僚たち。今まで自分を救ってくれなかった人々の顔が次々に頭の中に浮かんだ。終わりが見えないプログラミング作業と迫る納期の恐怖、縁切り神社に捧げた報われない祈り、考えたくもない借金の残額も、胸のうちをめまぐるしく駆け巡った。

刃物を持った右腕が、香織さんの上で大きく振りあげられた。いよいよ刺されると覚悟したそのとき、突然、黒い影が飛び散って、隠されていた顔が露わになった。

血の気がなく、激しい憤怒に引き歪んで、まるで般若《はんにゃ》の面のようだが。

——私だ！

愕然とした瞬間、刃物の切っ先が胸に喰い込んだ。プツリと皮膚が小さく弾け、そこから濡れた熱感がみるみる広がった。

鮮血が噴き出すと同時に金縛りが解けたが、この後の記憶があいまいだという。遠くで女が叫ぶ声を聞いたような気がするそうだ。前後の辻褄《つじつま》を合わせれば、たぶん香織さん自身の悲鳴なのだろう。それとも、惨状を見た母か姉の声だろうか。

胸の刺し傷は先の尖った刃物によるもので、胸の中央に近いやや左寄りの、つまり心臓の真上にあたる部分を垂直にひと突きされていた。不幸中の幸いで、刃先が胸骨《きょうこつ》に当たって斜めに滑り、肋骨《ろっこつ》に邪魔されて肺の表面を傷つけはしたが、命に別状なかった。

傷跡の形状から、治療を担当した医師は、包丁による自殺未遂を強く疑った。緊急搬送にあたった救急隊員も、香織さんの両親に「刃物を抜きましたか?」と尋ねたらしい。

医師の見立てでは、家庭用の包丁として一般的な万能包丁か出刃包丁で刺されているとのことで、事件性アリと見做《みな》した病院から警察に通報があったが、家中くまなく探索しても、それらしい刃物は見つからなかった。

しかし、もっとも奇怪なのは、テトロン綿を詰めた分厚い冬用の掛け布団と毛布、タオルケット、そして厚手のネルのパジャマがどれもまったく裂けも破れもしていなかったことだった。また、ベッドの香織さんの胸の周り以外には血痕もなく、窓は施錠され、一階の玄関ドアも内側から施錠されたうえチェーンまで掛かっていたという。

あまりの不思議さに、香織さんは、自分を刺したのは、母をはじめ自分を苦しめる人たちに対する恨みの念だったのではと考えるようになった。

こんなことはもう二度と御免だ。だったら恨むのをやめるしかない。もう恨まない、と決めると、これ以上縁切り神社にすがりたいとも思わなくなった。

すると、かえって縁切りが叶ったかのように支社への人事異動の辞令が出されて、退院後ひと月も経たず、実家を出て支社の社員寮に入れることになった。

女だから差別されてばかりいると思っていた職場だったが、上司は彼女の働きぶりを評価して、社長に報告を上げてくれていた。入院中に社長がお見舞いに来てくれたとき、香織さんは今まで自分がどれほどかたくなに心を閉ざしていたかを悟った。

その後の四年間は順調だった。異動した先には女性のスタッフが数人いて、友だちも出来た。そして再び恋をした。

居酒屋で知り合った同じ年頃の土木作業員の男性と交際を始めたのだ。陽気なひょうきん者で、しょっちゅう冗談を飛ばしているような人だった。香織さんは二五歳になっていた。「結婚すればいいいんだろう?」と迫られ、つい、避妊を怠《おこた》った。そしていわゆる出来ちゃった結婚をしたのだが、この辺りから雲行きが怪しくなってきた。

妊娠した途端、夫が仕事を辞めてしまったのだ。生まれてくる子どものために働いてほしいと言ったが聞き入れてくれない。しかも香織さんに暴力を振るうようになり、最初は軽く突き飛ばす程度だったが、だんだん手加減しなくなってきた。

四月、妊婦検診に行く香織さんに夫がついてきた。妊娠五ヶ月目、週数にして一八週が経ち、腹はポッコリと出っ張っている。そろそろ赤ん坊の性別がわかる頃合いだ。

病院に着く前に、道を歩きながら夫と口喧嘩した。夫が押し黙り、喧嘩にひと区切りついたと見なした香織さんは、道を急ごうとして、先に立って歩きはじめた。

彼に背中を向けることになった途端、腰に強い衝撃を受けた。爆風に飛ばされたように地面に叩きつけられた香織さんは、激痛の中で走り去っていく足音を聞いた。

重たげな、大きな足音だった。夫がいつも工事現場で履いていた、爪先に鉄板を仕込んだエンジニアブーツ。あれは走るのには向かない。妊婦を蹴るのには……どうだろう。

地面に倒れ伏したまま、震える指で携帯電話のボタンを押して、救急車を呼んだ。妊婦検診を受けるはずだった病院に運んでもらい、手術を受けた。

蹴られた時点で腰骨が砕け、破水していた。手術後、流産したと告げられたが、見せられた小さな亡骸には目鼻耳口があり、その紅葉のような手は可愛らしい爪までそなえていた。

必死で抑えてきた恨みの念が、身のうちに膨れあがるのを感じた。

再び足音が聞こえてきたのは、その夜のことだった。病室のベッドで暗い天井を見上げていると、近づいてくる者があり、金縛りが始まった。

――来た。

また私が私を殺しにやってきたのだ。

――そうだ、あの人を憎んでも赤ちゃんは生き返らない。離婚して、やりなおそう。生きたければそれしかないのだ。恨みとの縁を、今度こそ本当に断ち切らねば。

入院中に離婚届を取り寄せて、夫に判を押させ、退院するとすぐに杖をついて役所に行き、離婚届を出した。リハビリしながら復職し、仕事を続けた。

二年後、現在の夫と出逢い、プロポーズされた。一〇歳年上で物静かな人だが、誠実な人柄に惹かれて再婚した。その後、夫の助けを得て、行きたかった大学に遅まきながら進学し、学びたかったことを学び、三一歳で卒業した。夫婦仲は申し分なく、良い友人たちに囲まれ、充実した日々を送っている。すでに借金も返し終わった。

一生消えない胸の傷痕も、今はひそかに誇らしい。

隧道坑夫の夜

大原誠《おおはらまこと》さんは自らを「トンネル屋」と呼んでいるが、彼の仕事の現代的な正式名称は「トンネル作業員」だ。昔からあり今でもよく使われている俗称は「トンネル（隧《ずい》道《どう》）坑夫」。トンネル坑夫はトンネル土木工事を専門とする作業員で、日本全国を股にかけて歩く。

誠さんによると、トンネル工事には怪異がつきものだという。

四年ほど前に就いた長野県のトンネル工事の折には、飯場（坑夫の宿舎）として民間から借りあげた空き家で、誰もいないはずのところから怪しい物音がしたり、ひとりでに家具やドアが動いたりといった現象に悩まされた。

昼間は何も起きない。夜になると、小さな子どもたちが走り回っているかのような足音が天井裏から降ってきたり、ドアや窓が開閉したりして、騒々しくて眠るどころではなくなる。

その結果、なんだかんだと理由をつけて他所に移る坑夫が後を絶たず、完工する頃には誠さんと先輩坑夫の二人きりになってしまった。

誠さんより先に現場入りしていた先輩によれば、元々はトンネルの入り口の辺りに天然の巨岩があったそうだ。着工する前にその巨岩を破砕して取り除いた。怪奇現象はそのせい、つまり障害物として排除された巨岩の祟りだと先輩は考えているようだった。

撤収作業が完了し、ようやく飯場を離れられるという日の前日になって、先輩が夕方から急に用ができて出掛けてしまい、誠さんは独りでひと晩過ごすことになった。

怖いので電気を点けっぱなしにして早めに布団に潜り込んだのだが、枕に頭をつけた途端に、すぐ横の壁が荒々しく叩かれた。

――ドンドンドンドン！　ドンドンドンドンドンドン！

地響きがして身体が浮きあがった。音は鳴りやまず、部屋を変えて布団を敷き直しても同じことだった。朝まで生きた心地がしなかったという。

昔からトンネル坑夫には験担《げんかつ》ぎをする者が多く、着工に際して必ず近隣の神社の神主を招いて安全祈願祭を行うし、事故が起これば再び祈祷してもらう習わしがある。

宮城県気仙沼《けせんぬま》市の太平洋に面したK地区は、二〇一一年三月一一日の東北地方太平洋沖地震の際には、巨大な津波が河口から進入して川を遡上し、沿岸から内陸部まで大きな被害を受けた。

その後、復興工事の一環として、そのK地区の川辺に新たに橋脚を造って橋を架け、橋を渡ったところを入口とするトンネルの建設が計画された。県境を越えた岩手県側に出口を造り、国道を通す大規模工事だ。誠さんはそこで着工時から働くことになった。

復興事業だということもあってか、マスコミまで招いて、いつになく華々しく安全祈願祭が執り行われることになった。誠さんも坑夫として参加した。

ところがこの安全祈願祭で、祈祷が始まるや否やトンネルの入口側に置かれた蝋燭だけが爆発したかのように激しく燃えあがったり、お供え物のリンゴがひとりでに転がり落ちたりする珍事が起きた。

誠さんは最初から、こんどの現場では心霊現象に遭うのではないかという気がしていた。K地区では人が大勢亡くなったと聞いていたからだ。

案の定、赴任してみれば、新しく橋を造った場所に元あった橋の橋桁には、津波による犠牲者の亡骸が五〇体も引っ掛かっていたというし、飯場が建てられた場所は住人ごと押し流された人家の跡地であることもわかった。

間もなく坑夫の間で、飯場の周辺には女性の幽霊が出ると言われるようになった。

「僕も見たことがあります。一月のことでしたが、その日は僕だけ現場に先乗りしておく必要があり、早朝の五時にライトバンで出発しました。飯場の敷地を出て公道に入ろうというとき、ヘッドライトの光の中を中年の女性が横切って、すぐ近くの左手の角を曲がっていきました。その先は真っ直ぐな一本道で、ずっと先まで脇道もなく、人家もありません。こんな時間に女の人がひとりでどこへ行くんだろうと思いましたが、僕も現場に行くにはそこを左折しなければいけませんでした。そこで徐行運転で角を曲がったんですが、人っ子ひとりいませんでした。道路にはうっすら雪が積もっているのに、足跡すら見当たらない。しかも思い返してみたら、あの女性は上着を着ていませんでした。セーターとスカートだけで、もしかすると裸足だったかもしれません」

誠さんは心の中で南無阿弥陀仏と唱えながら現場に向かった。

三・一一の津波による気仙沼市の死者は一二一六人。行方不明者も二一五人もいるという。一日も早い復興を心から祈念しつつ、不慮の死を迎えた魂が安らがんことを願い、心より追悼の意を表したいと思う。

あとがき

金縛りは医学的には睡眠麻痺と呼ばれるそうだから、「金縛りに罹る」と書くのが正しいか否か。死んだことに気づいていない亡者は、夜になれば眠るのか否か。

こんな益体《やくたい》もないことを小一時間も考えたり、この世ならぬ声に耳を傾けたり、珈琲店で角砂糖を舐《な》めたりしているうちに日が暮れた。するとさっそく小鬼が出てきて、「さあさ、お家《うち》へ帰りましょう」と袖《そで》を引く。

「さっき聞いたお話を忘れないうちに綴《つづ》ってちょうだい。おまえは頭が悪いのだから早くしなけりゃいけません」

今宵もうつつの境に侍《はべ》り、語る声に憑《つ》かれては一期一篇を書き綴る。


――これが私の仕事です。

実話奇譚を書きはじめた頃は、己の体験を記すか、あるいは友人や仕事を通じて知り合った人々のお話を綴らせていただいておりました。そのためどうしても奇譚の背景が東京圏に偏ってしまうのが悩みどころでした。

そこで、Facebook と Twitter で体験談を募集して、メッセージを寄せてくださった方々を取材させていただくようになったのが約三年前。最初は応募がありませんでしたが、徐々に増えて、今ではほぼ毎日、全国各地からメッセージを賜《たまわ》るようになりました。

そのような次第で、この『夜葬』では、奇譚の舞台だけでなく、登場する体験者さんの生い立ちやご職業も多種多様です。賜った談話は、どれも異なる匂いと手触りを備えていました。語り手に共通するのは市井の人々であること、常識の儚《はかな》さを知悉《ちしつ》していること、この二点だけでありましょう。

生涯にただ一度の不可思議との邂逅《かいこう》を打ち明けてくださった方もいらっしゃいます。魂の片翼を失うような経験を涙ながらに語られた方もおられました。たいへん有難く、取材させてくださった彼岸《ひがん》と此岸《しがん》のすべての方々にいつも深く感謝いたしております。

そして最後になりましたが、上梓にお力添えをいただいた諸賢と、多くの類書の中からこの一冊をお手に取ってくださったみなさんにも厚く御礼申し上げます。
ときに、実話奇譚は死者と読者をお繋ぎする密やかな葬祭であります。詠《よ》み奉《たてまつ》らん、迎《むか》え祀《まつ》らん。

二〇一八年五月　川奈まり子

【参考サイト】順不同

「霊能力入門　丑の刻参り」霊能力入門
http://霊能.coma/p054/

「安井金毘羅宮について」安井金毘羅宮
http://www.yasui-konpiragu.or.jp/about/

「少年犯罪データベース　肉親に対する犯行」主宰・管賀江留郎
http://kangaeru.s59.xrea.com/nikushin.htm#top

「これからの交通教育　高校生と二輪車」国際交通安全学会誌 Vol.8
http://www.iatss.or.jp/common/pdf/publication/iatss-review/08-1-01.pdf

「房総の古墳を歩く　伊甚国の古墳」芝山町立芝山古墳・はにわ博物館
http://www.haniwakan.com/kenkyu/boso/izi.html

「東京都の統計　平成29年工業統計調査（平成28年実績）区市町村別の状況」産業統計課
http://www.toukei.metro.tokyo.jp/kougyou/2017/kg17p30000.htm

「平成23年（2011年）東北地方太平洋沖地震について（第157報）」消防庁災害対策本部
http://www.fdma.go.jp/bn/higaihou/pdf/jishin/157.pdf

【参考文献】

『戦前の少年犯罪』（築地書館）管賀江留郎

『横浜市の学童疎開』横浜市教育委員会「横浜市の学童疎開」刊行委員会

『続　解離性障害　脳と身体からみたメカニズムと治療』（岩崎学術出版社）岡野憲一郎

『解離性障害のことがよくわかる本　影の気配におびえる病』（講談社）柴山雅俊
『なんじゃこりゃ？　知って驚く東京「境界線」の謎』（実業之日本社）小林政能
『高熱隧道』（新潮文庫）吉村昭
『津波の河川遡上に関する研究』鹿児島大学地域防災教育センターH28年度報告書
『石仏・石の神を旅する』（ジェイティビィパブリッシング）吉田さらさ
『図説 日本呪術全書』（原書房）豊島泰国
『昭和・平成 現代史年表〔増補版〕』（小学館）神田文人／小林英夫　編

【その他】

「縁切り傷」は「ＴＯＣＡＮＡ」で公開された初出原稿に大幅に加筆修正したものです。

実話奇譚 夜葬

2018年6月5日　初版第1刷発行

著者　川奈まり子
デザイン　橋元浩明(sowhat.Inc.)
企画・編集　中西如(Studio DARA)
発行人　後藤明信
発行所　株式会社 竹書房
〒102-0072 東京都千代田区飯田橋2-7-3
電話03(3264)1576(代表)
電話03(3234)6208(編集)
http://www.takeshobo.co.jp
印刷所　中央精版印刷株式会社

定価はカバーに表示しています。
落丁・乱丁本の場合は竹書房までお問い合わせください。
©Mariko kawana 2018 Printed in Japan
ISBN978-4-8019-1469-8 C0176